Blumensträuße
aus dem Garten

Blumensträuße
aus dem Garten
gesteckt & gebunden

Gudrun Anger
Fotos: Georg Bortfeldt

ULMER

Inhalt

Weihnachtsblumen – stilvoll und festlich ...

Wie frisch gepflückt ...

„Blumensträuße, üppig und locker gebunden, die so natürlich aussehen, als seien sie gerade im eigenen Garten gepflückt ...", so sagte Li Edelkoort, Trendforscherin und Leiterin der Design Academy Eindhoven, kürzlich in einem Interview, befragt nach den neuesten Zukunftstrends im Lifestyle. Nachzulesen in einer der edlen Hochglanzzeitschriften. Nun, das sind die Sträuße, die auch mir gefallen. Und hier sind sie:

Blumensträuße, wie frisch gepflückt – bunt, üppig, ungekünstelt und natürlich, duftend und anmutig. Keine ausgefallenen exotischen Schönheiten, sondern Blumen, die überall wachsen und die leichte Unbeschwertheit eines Straußes aus dem eigenen Garten ausstrahlen.

Selbst ein kleiner Garten bietet eine unerschöpfliche Quelle für eine Fülle von Sträußen, vorausgesetzt, Sie planen mit etwas Umsicht und Sorgfalt. Ich habe mich bemüht, dieses Buch so praxisnah wie möglich zu gestalten. Auf den besonders hervorgehobenen „Grünen Seiten" finden Sie eine Auswahl von Pflanzen – Blütenstauden, einjährige Sommerblumen, Rosen, Sträucher und Blumenzwiebeln – die unproblematisch wachsen und das ganze Jahr über dafür sorgen, dass Ihre Vasen zum dekorativen Blickfang werden. Bezugsquellen für ausgefallenere Sortenempfehlungen sind selbstverständlich aufgeführt.

Unverzichtbar sind „Straußfüller" für jede Jahreszeit, die aus wenigen Blüten einen üppigen Strauß entstehen lassen und auch auf dem Markt gekauften Blumen den Charme eines natürlich anmutenden Straußes verleihen.

Alle Sträuße und Arrangements sind einfach und ohne Vorkenntnisse nachzuarbeiten. Hilfreich für „floristische Einsteiger" – ein kleiner Grundkurs in der Bindetechnik und nützliche Tipps zu Haltbarkeit und Gestaltung.

Lassen Sie sich inspirieren, binden Sie nach Lust und Laune und genießen Sie Ihre Lieblingssträuße mit allen Sinnen ...

Im Sommer 2003   Gudrun Anger

Winterlicht & Frühlingsträume

Noch ist es Winter und frostig kalt,

aber wir genießen das klare Licht

und mit den ersten Blüten träumen

wir bereits vom Frühling ...

12

Den Frühling locken

Der Winter ist lang, doch mit blühenden Zweigen lässt sich die Sehnsucht nach Frühlingsluft und Blumenduft stillen. Nach altem Brauch werden bereits am 4. Dezember, dem Barbaratag, Obstbaumzweige geschnitten, die zum Weihnachtsfest blühen.

Zum Vortreiben eignen sich Obstbaumzweige, vor allem Kirschen, aber auch viele Blütensträucher, wie Forsythien, Zierquitten und Flieder, sogar Rhododendron und besonders die japanischen Zierkirschen.

Es war, als hätt der Himmel
Die Erde still geküßt,
Daß sie im Blütenschimmer
Von ihm nun träumen müßt.

Joseph von Eichendorff,
Mondnacht

Aus dem Winterschlaf • Zweige, die vor dem 15. Januar geschnitten werden, holt ein Bad im warmen Wasser aus dem Winterschlaf und lässt sie zuverlässig aufblühen. Die besten Ergebnisse sind mit einem 12-stündigen Bad bei einer Wassertemperatur von etwa 30 °C zu erzielen. Danach werden die Zweige frisch angeschnitten und in lauwarmes Wasser gestellt. Der Zusatz eines Frischhaltemittels für Zierzweige hat sich bewährt. Ab der zweiten Januarhälfte kann auf die Warmwasserbehandlung verzichtet werden und je weiter das Jahr fortschreitet, desto schneller blühen die Zweige auf.

Damit die Mühe des Treibens auch mit Blüten gekrönt ist und Sie die richtigen Zweige schneiden – Blütenknospen sind immer rund, Blattknospen länglich oval.

Nicht nur für die Küche – Limonen

Zitronen, kleine Orangen und Äpfel lassen sich nicht nur in der Küche, sondern auch in der Floristik vielfältig einsetzen. Die Highlights in diesem Strauß sind Limonen. Mit einem Ersatzstiel aus Steckdraht oder Holz versehen, können sie leicht verarbeitet werden. Die Kuppelform des Gestecks wird mit nassem Steckschaum vorgeformt, Buchszweige und einige Efeurebe geben die grüne Grundlage. Wenn Sie dem Vasenwasser ein spezielles Frischhaltemittel für Zierzweige beifügen, verhindern Sie den etwas unangenehmen Geruch des Buchsbaums im Wasser. Zwischen dem Grün werden Blütenzweige des wunderschön duftenden winterblühenden Schneeballs, *Viburnum bodnantense*, und die angestielten Limonen verteilt. Einige Limonenhälften lockern das Gesamtbild auf. Ein solcher Winterstrauß ist lange haltbar und kann immer wieder variiert werden. Eine schöne Alternative zu *Viburnum bodnantense* sind andere Blütenzweige, wie Forsythien und Blütenkirschen oder duftende Mimosen.

Kennst du das Land,
wo die Zitronen blühn ...

Johann Wolfgang von Goethe

Schneeglöckchen – Symbol der Hoffnung

Ein paar warme Sonnenstrahlen genügen und wie Lanzen brechen die weißgrünen Blütenspitzen der Schneeglöckchen unbeirrt und mutig aus dem winterkalten Boden. Im Sommer würden wir die „Kleine weiße Hornungsblume" kaum wahrnehmen, aber jetzt im Januar oder Februar erscheint uns ihre Blüte wie ein Wunder. Die christliche Symbolik hat diese Botschaft aufgenommen. Das Schneeglöckchen – auf den Marienbildern steht es auf der linken Seite der Madonna – bedeutet ebenso wie die Frühlingsknotenblume, auch Märzenbecher genannt, „Geburt der Hoffnung". Und nach altem Volksglauben heißt es: „Mit dem ersten Schneeglöckchen, das du im Jahr siehst, sollst du dir die Augen wischen, dann werden sie das ganze Jahr über nicht krank."

Sobald die ersten Spitzen aus dem Boden sprießen, können Sie einen Batzen Erde mit den Zwiebeln ausgraben und in einem Topf, mit Moos abgedeckt, ins Warme stellen. Innerhalb weniger Tage öffnen sich die zierlichen Glöckchen und verströmen ihren zarten Honigduft. Oder Sie binden ein paar Blüten zusammen mit Efeublättern zu einem Sträußchen, das in einem zierlichen Kelchglas arrangiert, seinen ganzen Liebreiz entfaltet.

Hoffnungsträger mit Charme – Schneeglöckchen als Frühlingsboten.

Gehölze mit dekorativen Blättern, Blüten und

Geschickt ausgewählt, bieten Bäume und Sträucher zu allen Jahreszeiten dekoratives Material für Vasenfüllungen. Da die Sträucher bis auf wenige Ausnahmen jährlich in Form geschnitten werden müssen, lassen sich Auslichtungsschnitt und floristische Verwendung durchaus miteinander verbinden. Die Verwendungsmöglichkeiten sind unerschöpflich. Im Winter und Vorfrühling werden Zweige zum Vortreiben geschnitten, zur Zeit der Blüte ergeben sie allein oder in Verbindung mit anderen Blüten üppige Arrangements. Das ausgereifte Laub kann zum Füllen von Sträußen genutzt werden, während fruchtbesetzte Zweige die Basis herbstlicher Stillleben bilden. Im Winter schließlich schmücken die Immergrünen. Die Arten- und Sortenauswahl ist riesig, hier nur ein kleiner Überblick. Viele andere Arten sind ebenso geeignet.

BESONDERS DEKORATIVE BLÜTEN HABEN:

Blütenkirschen • Eine schier unübersehbare Zahl von Blütenkirschen, gefüllt und einfach blühend, wie die Vogelkirsche, *Prunus avium plena*, die wunderbar gefüllten Japanischen Blütenkirschen, *Prunus serrulata*, und Kirschpflaumen sind im Handel, aber auch in vielen Gärten zu finden. Sie eignen sich zum Vortreiben und sind auch zur eigentlichen Blütezeit ein Erlebnis. In der Vase sind vorgetriebene Blütenzweige länger haltbar als zur natürlichen Blütezeit geschnittene.

Besonders gut eignet sich zum Schnitt die Sorte *Prunus serrulata* 'Fudan Sakura'. Ich schneide ab Anfang Januar von einer wilden Kirschpflaume, *Prunus cerasifera*, die sogar ohne Warmwasserbad zuverlässig aufblüht und lieblich duftet.

Apfelblütenzweige als Partner für die Tulpe 'Lavendel Schönheit'.

Früchten

Flieder ist länger haltbar, wenn das Laub vollständig entfernt wird.

Flieder, *Syringa vulgaris* • Alle Arten und Sorten sind in üppigen Frühlingssträußen besonders schön.

Forsythie, *Forsythia* • Dieser weit verbreitete Blütenstrauch lässt sich ab Mitte Dezember treiben, braucht aber bis zum 15. Januar eine Warmwasserbehandlung zum Start.

Hortensien, *Hydrangea* • Hortensien sind sowohl im Garten als auch für die Verwendung in der Blumenbinderei interessant. Die Garten-Hortensie, *Hydrangea macrophylla,* veredelt mit ihren weißen, rosafarbenen oder blauen Blüten jeden Sommerstrauß und ist auch im Herbst getrocknet überaus dekorativ. Sie benötigt lediglich, ähnlich den Rhododendren, einen sauren Boden und

reichlich Wasser – nicht umsonst bedeutet ihr lateinischer Name „Wasserschlürferin". In raueren Lagen ist sie jedoch nicht vollkommen winterhart, was zur Folge hat, dass die Blüten, die bereits im Vorjahr angelegt werden, vor allem bei späten Frösten erfrieren. Die Pflanze treibt zwar aus der Basis wieder aus, aber mit der Blüte ist es in dem Jahr vorbei. In rauen Lagen ist also ein guter Winterschutz mit Laubpackungen und Schilfmatten zweckmäßig oder Sie pflanzen gleich die attraktive, weiß blühende Wald-Hortensie, *Hydrangea arborescens.* Die Sorte 'Grandiflora' ist besonders zu empfehlen.

Korkenzieherhasel, *Corylus avellana* 'Contorta' • Diese Korkenzieherhasel ist im Winter und Vorfrühling besonders dekorativ.

Pfeifenstrauch, *Philadelphus coronarius* • Er trägt stark duftende Blüten. „Bauernjasmin" oder „Falscher Jasmin", wie der Volksmund sagt, bildet zusammen mit Rosen ein perfektes Duftpotpourri. Vom Züchter Lemoine wurden zahlreiche gefüllte Sorten geschaffen. Besonders schön: 'Girandole' und 'Schneesturm' von *Philadelphus × virginalis.*

Rhododendron, *Rhododendron* • Interessant sind alle Arten und Sorten. Sie eignen sich auch hervorragend zum Vortreiben.

Hortensie.

Dekoratives Laub und leuchtende Früchte liefert der Schneeball im Herbst.

Strauch- und Parkrosen, Rambler • Alle Rosen sind interessant für die Floristik – sowohl die Blüten als auch der herbstliche Fruchtschmuck der Hagebutten. Sie werden im Kapitel Rosen gesondert besprochen.

Weigelie, *Weigela* • Diese Blütensträucher blühen bereits im Frühsommer. Die Sorte 'Bristol Ruby' harmoniert besonders gut mit rosa Pfingstrosen.

INTERESSANTES LAUB:

Schneeball, *Viburnum* • Hier existieren viele Arten und Sorten. Besonders interessant sind:

- *Viburnum opulus* 'Roseum', ein gefüllter Schneeball, mit dicken grünlich weißen, später weißen Blütenbällen.
- *Viburnum farreri* und *Viburnum × bodnantense*, beide winterblühend von November bis März/April und stark duftend.
- *Viburnum carlesii*, der Koreanische Duft-Schneeball, und *Viburnum × burkwoodii*, der Wintergrüne Duft-Schneeball, beide frühjahrsblühend und, wie es die Namen sagen, duftend und attraktiv.

- *Viburnum opulus*, der Gemeine Schneeball, ist im Spätsommer und Herbst wegen seiner roten Früchte und dekorativen Laubfärbung besonders beliebt.

Spierstrauch, *Spiraea* • Schön sind alle weißen Spieren, besonders *Spiraea × arguta*, die Braut-Spiere, *Spiraea cinerea* 'Grefsheim' und *Spiraea nipponica*. Sie geben Frühlingssträußen duftig-bräutliches Weiß.

Weißbuntes Laub • Von vielen Laubgehölzen und Immergrünen gibt es auch züchterische Auslesen mit weißbuntem Laub, die für die Verwendung in Sträußen und Gestecken wertvoll sind. Empfehlenswert sind zum Beispiel der weißbunte *Cornus alba* 'Elegantissima', *Ilex aquifolium* 'Silver Queen', *Buxus sempervirens* 'Elegans' und *Hedera helix* 'Variegata'.

DEKORATIVE FRÜCHTE

Zieräpfel • Die Zieräpfel bringen dekorative Frühlingsblüten; floristisch interessant aber sind sie vor allem wegen des herbstlichen Fruchtbehanges. Da man nur eines von beiden haben kann, würde ich mich in jedem Fall für den Fruchtbehang entscheiden, denn er sucht im Herbst seinesgleichen. Wunderbare, gelbgoldene Äpfelchen, die ausgesprochen haltbar sind und oft noch bis Weihnachten am Baum hängen,

bringt die Sorte 'Golden Hornet' (*Malus × zumi*). Orangegelbe Früchtchen in Kirschgröße, denen auch die ersten Fröste nichts anhaben können, bildet die Sorte 'Everest'. Sie ist auch ein guter Pollenspender und hilft, den Fruchtertrag anderer Apfelsorten zu steigern. Für kleine Gärten ist diese Sorte allerdings weniger gut geeignet, die Bäume können stattliche sechs Meter hoch werden.

Zierquitten • *Chaenomeles japonica*, die Japanische Zierquitte, und *Chaenomeles speciosa*, die Chinesische Zierquitte, sind mit zahlreichen Sorten und der Hybride aus beiden, *Chaenomeles × superba*, bei uns vertreten. *C. japonica* trägt rundliche Früchte, *C. speciosa* längliche. Die Früchte sind essbar, duften köstlich aromatisch und finden in herbstlichen und winterlichen Arrangements Verwendung.

Zierquitten stellen keine besonderen Ansprüche an den Boden und liefern im März/April eine Fülle von Blütenzweigen. Am häufigsten wird *C. × superba* kultiviert. Rot blühende Sorten von *C. × superba* sind 'Andenken an Carl Ramcke', 'Elly Mossel', 'Etna' und 'Rowallance', sehr hübsch ist die orangerote 'Clementine', 'Pink Lady' blüht dunkelrosa und 'Youki Gotin' cremeweiß. Zum Treiben im Vorfrühling eignen sich alle sehr gut. Durch das Treiben wird die Blütenfarbe zwar etwas blasser, für meinen Geschmack eher vorteilhaft, da die Farbe fast aller rot und orange blühenden Zierquitten sehr aufdringlich ist.

Die rosarote Weigelie 'Bristol Ruby' ist schön zu rosa Päonien.

Lust auf Frühling?

Der Winter hat uns noch fest im Griff, aber im Haus können wir ein wenig nachhelfen und so zieht mit den ersten Zwiebelblumen bereits der Frühling ein.
Überall in den Läden werden schon jetzt Tulpen, Narzissen und Hyazinthen als Schnittblumen oder im Topf angeboten. Stillen Sie Ihre Frühlingsgelüste mit üppigen Sträußen. Es ist glücklicherweise ein preiswertes Vergnügen – ein Bund Tulpen kostet nicht viel und so dürfen Sie schwelgen. Gönnen Sie sich einen dicken Strauß aus mehreren Bunden, je größer, desto schöner.

Gelbe Tulpen verströmen einen lieblichen Duft, so richtig nach Frühling. Die kahlen Obstbaumzweige sind eine Reminiszenz an den Winter.

Die linden Lüfte sind erwacht ...

Duftende Mimosen Ton in Ton mit gelben Tulpen.

Tulpen puristisch

Zwei weiße Tulpen und der Zweig einer Erle ergeben ein Arrangement von großer Anziehungskraft.
Gerade die sparsame und wohl dosierte Verwendung der Blüten macht hier den Reiz aus. Die
Tulpenblätter sind wesentliches Gestaltungsele-
ment und werden von der Spitze zur Basis umge-
bogen und fixiert. So stimmen die Proportionen
und es entsteht ein harmonisches Bild.

Die Welt wird schöner mit jedem Tag ...

Ludwig Uhland, Frühlingsglaube

*Nicht immer ist es die Menge der
Blüten, die Wirkung erzeugt.
Zwei einzelne Tulpen ziehen in diesem
Arrangement den Blick auf sich.*

Frühling lässt sein blaues Band...

Endlich – die Sonne scheint, die Luft ist wie Seide. Vögel singen, ein Schmetterling gaukelt im Sonnenlicht und im Garten blühen die ersten kleinen Blumen – es ist Frühling ...

Junger Frühling in Dottergelb

Ein Strauß fürs Osterfest in warmem Gelb und frühlingsfrischem Weiß. Gelbe Trompeten-Narzissen wurden gemischt mit cremeweißen 'Ice Follies' und den hübschen kleinen Alpenveilchen-Narzissen 'Jet Fire'. In perfekter Farbharmonie stehen dazu gelbe Ranunkeln und Forsythienzweige. Duftiges Weiß steuern die Blütenschleier der wilden Mirabelle bei.

Süße wohlbekannte Düfte
streifen ahnungsvoll das Land ...

Narzissen sollten erst einige Stunden separat in Wasser stehen, bevor sie den anderen Blüten des Straußes beigesellt werden.

Narzissen

Narzissen sind in unseren Breiten heimische Amaryllisgewächse. In West- und Südwesteuropa kommt *Narcissus pseudonarcissus*, die Ahnin unserer Osterglocken, wild vor. Auch in der Eifel und im Hunsrück soll es Wildbestände geben. *Narcissus pseudonarcissus*, die wilde Trompeten-Narzisse, ist aber auch in vielen Bauerngärten noch zu Hause und zählt zu den Frühblühenden. Sie blüht je nach Witterung bereits im Februar oder März.

Auch *Narcissus cyclamicus*, die Alpenveilchen-Narzisse, beginnt im Februar und eignet sich gut für kleine Sträuße. Attraktive Sorten von *N. cyclamicus* sind:

- 'Jetfire', eine gelbe Narzisse mit orangeroter Krone und langer Blütezeit. Sie wird 25 cm hoch und wird ebenso wie die kleine, nur 15 cm hohe
- 'Tête-à-tête' im Frühjahr auch in Töpfen angeboten.

Die niedrigeren Arten und Sorten sind standfest und weniger gefährdet, bei Regen und Schnee auf den Boden gedrückt zu werden, was für die schweren Blüten der gefüllten Sorten jedoch leider nicht gilt.

Narzissen bevorzugen einen leicht feuchten, lehmigen Boden. Nach dem Austrieb sollten Sie etwas organischen Dünger einarbeiten und die Blätter in Ruhe vergilben lassen. Das vielfach praktizierte Abschneiden aus übertriebenem Ordnungssinn schwächt die Pflanze. Wenn das absterbende Laub optisch stört, pflanzen Sie Stauden davor, die das Laub beim Austrieb verdecken. Alle vier bis fünf Jahre sollten die Bestände aufgenommen, geteilt und an einem neuen Standort 12 bis 15 cm tief gesetzt werden.

Für den Schnitt eignen sich die folgenden Sorten von *Narcissus pseudonarcissus* besonders gut:

- 'Golden Harvest'. Sie ist die bekannteste frühe Sorte der Trompeten-Narzissen.
- 'Ice Follies' hat cremeweiße Kranzblätter und eine zartgelbe Krone.
- Dekorative Blüten tragen die gefüllten 'White Lion' und die orchideenblütigen Sorten 'Petite Four' und 'Orangery'.

Trompeten-Narzissen in leuchtendem Gelb.

Narcissus poeticus, die Dichter-Narzisse, ist in den südlichen Alpentälern und Südeuropa heimisch. Dort stehen im späten Frühjahr riesige Wiesenflächen und Berghänge in voller Blüte. Die makellosen weißen Blüten mit der kleinen gelben Krone, die einen feinen roten Kräuselsaum trägt, duften lieblich. Zu den duftenden Schönheiten, die bereits im Altertum in den Gärten kultiviert wurden, passt die griechische Sage wunderbar: Der schöne Jüngling Narkissos verschmäht die Liebe der Bergnymphe Echo und wird dafür mit der Liebe zu seinem eigenen Bild, das sich im Wasser spiegelt, bestraft. Die Erdmutter Gaia verwandelt

ihn in eine schöne weiße Blume, die Narzisse ...

Für uns sind folgende Formen von *N. poeticus* wichtig:

- 'Actaea'. Sie wird ca. 40 cm hoch. Ihre Krone ist größer als die der Wildform.
- *N. poeticus* var. *recurvus*. Sie wird nur 25 cm hoch und hat eine kleine Krone.

„Wer zwei Brote hat,
verkaufe eines und kaufe sich Narzissenblüten dafür;
denn Brot ist nur der Körper Nahrung,
die Narzisse aber nährt die Seele."

Alter arabischer Spruch

Flower-Parade

Endlich scheint die Sonne wieder und wärmt uns
den winterkalten Rücken. Das Herz wärmen die
kleinen bunten Frühlingsblumen, die zu Tausenden
in den Gärten, auf den Wiesen und an den
Wegrändern sprießen und zum Pflücken von kleinen, lieblichen Sträußen verlocken, die wie Sträuße
aus Kinderhand anmuten. Weil einer schöner ist
als der andere und wir uns nicht entscheiden
können, kommen sie in fröhlicher Vielfalt alle
zusammen auf den Tisch.
Die farbigen Kelchgläser, in denen die kleinen
Sträuße arrangiert wurden, fügen das Ganze zu
einem harmonischen Bild.

Veilchen träumen schon ...

Leicht und heiter wirken die Frühlings-
blumen in zarten farbigen Gläsern. Auch
die bescheidenen Kleinen, die sich nicht in
den Vordergrund drängen, erhalten so die
verdiente Aufmerksamkeit.

*Nostalgie im Frühling – Vergiss-
meinnicht und Tausendschön für
liebliche kleine Sträuße.*

Nostalgische Frühlingssträuße

Frühlingsblumen sind ideal zum Binden kleiner Sträuße. Garniert mit einer weißen Manschette entzücken Vergissmeinnicht, Hornveilchen und Bellis mit dem Charme vergangener Zeiten. Tausendschön heißen sie oder auch Maßliebchen – liebevolle Bezeichnungen für die Gänseblümchen mit den dicht gefüllten Blüten. Die hübsche rosarotweiße Sorte von *Bellis perennis* heißt treffenderweise 'Erdbeersahne'.

Kleine Sträuße als Frühlingsgruß für liebe Menschen.

Frühling, ja du bist's!
Dich hab' ich vernommen!

Eduard Mörike, Er ist's

Gruß aus dem Poesiealbum

Wie ein Glanzbildchen aus dem Poesiealbum der Großmutter wirkt dieser Maienstrauß. Der barocke Charme dieses Prachtstraußes aus weißem Flieder, duftigem Kerbel, den karminroten Papageien-tulpen der Sorte 'Red Parrot' und einigen Zweigen des Großblättrigen Kaukasus-Vergissmeinnichts, *Brunnera macrophylla*, das mit seinen Blüten stark an Vergissmeinnicht erinnert, kommt in der alten Terrine wunderbar zur Geltung. Die Blätter der Funkie, die den Strauß umkränzen, wirken, als hätten sie Mühe, die Pracht im Zaum zu halten.

Zweckmäßigerweise bekommt ein solcher Strauß ein wenig Hilfestellung durch eine Maschendraht-einlage im Gefäß. So lassen sich die Blütenstiele perfekt arrangieren, ohne dass das Gesteck ausein-ander fällt.

Geh aus mein Herz und suche Freud...

Ein Strauß, wie ein Maienlied.

Tulpen

Ein Frühlingsblütenmeer ist die Belohnung für den, der im Herbst vorgesorgt und reichlich Tulpenzwiebeln gesetzt hat. Tulpen sind einfach zu ziehen und wenn Sie gesunde Zwiebeln gesetzt haben, gibt es kaum Ausfälle. Allerdings sollten Sie nicht an der falschen Stelle sparen – nur große Zwiebeln, Mindestgröße 11/12 cm, bringen mit Sicherheit eine Blüte. Achten Sie also beim Kauf der Zwiebeln auf die Größenangabe. Namhafte Versandgärtnereien bieten nur diese Größe an, bei Sonderangeboten im Supermarkt sollten Sie kritisch sein!

Vielleicht geht es Ihnen dann trotzdem so wie mir. Jedes Jahr bestelle ich großzügig Tulpenzwiebeln, schnell sind ein paar Hundert zusammen, denn schließlich will ich auch zum Schnitt genügend Blüten zur Verfügung haben. Wenn die Tulpen dann blühen und in ihrer wächsernen Pracht dastehen, bringe ich es nicht übers Herz, davon zu schneiden. Schließlich dauert es ein ganzes Jahr, bis wieder eine Blüte aus der Zwiebel kommt. Also kaufe ich ein paar Bunde Tulpen auf dem Markt und erfreue mich weiter an der Pracht im Garten.
Aber einige schöne Sorten, besonders die dekorativen Papageientulpen, mehrfarbig geflammte oder gefüllte Sorten und die attraktiven lilienblütigen werden als Schnittblumen höchst selten angeboten oder sehr teuer und daher ist der Anbau dieser Tulpen lohnenswert. Absolute Favoriten für den Schnitt sind weiße Tulpen aller Typen.

Narcissus und die Tulipan, die ziehen sich viel schöner an, als Salomonis Seiden ...

Paul Gerhardt

TIPP

> Große Zwiebeln stecken! Mindestgröße 11/12 cm, besser größer.
> Nur gesunde Zwiebeln pflanzen! Kranke Zwiebeln vernichten!
> Boden muss gut dräniert sein, keine Staunässe! Schwere Gartenböden mit Sand verbessern, damit die Zwiebeln nicht faulen.

EMPFEHLENSWERTE SORTEN ZUM SCHNITT

Früh blühende Tulpen • Die frühen Tulpen blühen bereits im März und erfreuen uns daher mit einer besonders langen Blütezeit.

🌿 *T. fosteriana* 'Sweetheart', cremeweiß mit gelben Flammen, sehr vital, die einzige Tulpe, deren Bestand in meinem Garten von Jahr zu Jahr ständig größer wird.

🌿 *T. fosteriana* 'Orange Emperor', das orangefarbene Gegenstück.

🌿 'Schoonoord', gefüllt blühende weiße Prachtsorte.

Triumph-Tulpen • Sie sind aus einer Kreuzung zwischen Einfachen Frühen und Einfachen Späten Tulpen entstanden. Sie blühen mittelfrüh im April und haben längere, standfeste Stiele und haltbare Blüten. Schöne Sorten sind:

🌿 'Princess Irene', orangegelb mit purpurfarbener Flamme, kurze straffe Stiele.

🌿 'Ice Follies', cremeweiß mit roter Flamme, eine so genannte „Rembrandt-Tulpe".

🌿 'Meißner Porzellan', alte Sorte in Weiß mit lackrotem auslaufendem Rand.

🌿 'New Design', zartrosa mit dunkelrosa Rand, auffällige Blätter, grün mit weißem Rand.

Tulipa fosteriana 'Sweetheart' ist eine empfehlenswerte frühe Tulpensorte.

Die dekorative 'Princess Irene', zusammen mit einer weiteren weißen Triumph-Tulpe.

Darwin-Hybrid-Tulpen • Sie wurden aus Darwin-Tulpen mit *Tulipa fosteriana* gekreuzt und blühen von April bis Mai.

🌿 'Beauty of Apeldorn', goldgelborange, unregelmäßig gefleckte und getuschte Blüten.

Späte Sorten • Während die frühen Tulpensorten in der Vase als Solisten glänzen, kommen die späten Tulpen als dekorativer Mittelpunkt in einem bunten Maienstrauß mit Flieder, Spirea, Kerbel und anderen Frühsommerblüten besonders gut zur Geltung.

Gefüllte Sorten • Die späten gefüllt blühenden, an Päonien erinnernden Sorten sind alle sehr dekorativ. Wunderbar geeignet sind sie als Einzelblüte in einer Schale. Im Strauß sollten sie kurz geschnitten werden, damit die Blütenköpfe nicht nach unten hängen.

🌿 'Mount Tacoma', weiße, dicht gefüllte Blüte, sehr edel.

🌿 'Gerbrand Kieft', zinnoberrot mit breitem weißem Rand, prachtvoll.

🌿 'Angelique', zartrosa, häufig im Handel angeboten.

🌿 'Purple Jacket', leuchtend purpurrote Blüte.

Lilienblütige Tulpen • Auffällige, elegant geformte Blüten mit spitz auslaufenden, nach außen gebogenen Blütenblättern kennzeichnen diese Tulpen. Sie sind spät blühend und dekorativ im Strauß.

🌿 'Ballerina', orangerot geflammt auf Dunkelgelb, fast wie Bronze, ausgefallene Farbe.

🌿 'White Triumphator', schwanenweiß und edel.

🌿 'Maytime', kräftiger Pinkton, Blütenblätter zum Rand hin heller.

🌿 'China Pink', rosa auf weißem Grund, sehr schön.

🌿 'Burgundy', purpurviolett, sehr auffallende Farbe.

Die weiße 'Mount Tacoma' in einem Gesteck zusammen mit Schleierkraut, Efeu und Buchs.

T. viridiflora 'Groenland' und die späte Tulpe 'Queen of Night' in einem Maienstrauß zusammen mit lila Flieder, Schleifenblume und einigen Ranken der Clematis montana 'Rubens'.

Tulipa viridiflora • Diese Tulpen besitzen eine sehr aparte grüne Außenfärbung der Blütenblätter. Sie sind ausgefallen und lohnenswert!
Schönste Sorten:

🌿 'Spring Green', in Weiß mit grünem Streifen.

🌿 'Groenland', lachsrosa mit grün.

Papageien-Tulpen • Sie blühen spät und liefern ausgefallene, große, besonders im aufgeblühten Zustand sehr exotisch wirkende Blüten – exquisite Schnittblumen.

🌿 'Salmon Parrot', exotisch wirkend, lachsfarben mit goldgelbem Rand und grünen Streifen.

🌿 'Black Parrot', schwarzrote dekorative Blüte.

🌿 'Estella Rijnveld', rotweiß geflammt.

🌿 'Red Parrot', karminrot.

🌿 'White Parrot', weiß mit grünem Hauch, sehr elegant.

🌿 'Onedin', apricotfarben.

🌿 'Rai', reinrosa mit grünem Streifen.

Iris – kühl und blau

Kühle Frische geht von dem Arrangement auf
der Fensterbank aus. Die Wiesen-Iris, *Iris sibirica*,
ist mit dem Element Wasser vertraut. Deshalb
bekommt sie auch ein schlichtes Trinkglas im
wässrigen Blau, das ihr gut zu Gesicht steht und
die Klarheit der Anordnung unterstreicht.
Die lanzettförmigen Blätter der Iris sind dekorativ
genug für ein eigenes separates Glas. So entsteht eine interessante und spannungsreiche
Zweierbeziehung.
Schöne Trinkgläser sind keinesfalls eine Notlösung,
sondern in vielen Fällen eine durchaus glückliche
Wahl als Gefäß für Einzelblüten und lockere
Sträuße. Die Murmeln am Boden der Gläser sehen
hübsch aus und haben einen praktischen Neben-
effekt: Sie verbessern den Stand der Blütenstiele.

Blau und grün wirken erfrischend.

Stauden – Blumenpracht für viele Jahre

Mehrjährige Stauden erfreuen uns mit ihrer Blütenpracht über viele Jahre. Fast alle halb hohen und hohen Sorten sind gute Schnittblumenlieferanten. Der Pflegeaufwand hält sich in Grenzen. Ein wenig Kompost als Düngung und bei Pflanzen, die zu groß werden, ab und an eine Teilung – mehr ist eigentlich nicht erforderlich. Eine kaum überschaubare Zahl von Prachtstauden ist im Handel und wenn Sie geschickt auswählen, können Sie vom Frühjahr bis zum ersten Frost im Spätherbst Vasenfüllungen schneiden.

Stauden können in guten Staudengärtnereien bezogen werden. Eine gute und preisgünstige Quelle sind auch Pflanzentauschbörsen, bei denen Sie Ihre überzähligen Pflanzen mit anderen Pflanzenfreunden tauschen können. Benötigen Sie eine größere Anzahl von Pflanzen, ist bei einigen Arten auch Aussaat möglich.

FRÜHLINGSBLÜHENDE

Christrosen und Lenzrosen • *Helleborus niger* und *Helleborus orientalis* bringen kostbare Blüten in blütenarmer Zeit. *Helleborus niger* liebt kalkhaltige Böden, die orientalischen Hybriden sind da weniger wählerisch und bringen auch

in anderen Böden eine Fülle von Frühlingsblüten. Auch außerhalb der Blütezeit muss sich diese Staude nicht verstecken. Die dekorativen Blätter sind auch im Strauß eine schöne Begleitung.

Berg-Flockenblume, *Centaurea montana* • Die hübsche mehrjährige „Kornblume" ist anspruchslos, unkompliziert und eine Bereicherung für bunte Frühlingssträuße.

Kaukasus-Vergissmeinnicht,
Brunnera macrophylla • Die Blüte erinnert sehr an Vergissmeinnicht und ist durch ihren langen Blühzeitraum (April bis Juni) und die Höhe (30 bis 50 cm) in bunten Mai- und Frühsommersträußen eine gute Alternative zu Vergissmeinnicht.

ZWEIJÄHRIGE FRÜHLINGS-BLÜHER

Vergissmeinnicht, Goldlack und Gänseblümchen sind eigentlich Stauden. Sie werden aber meist zweijährig kultiviert und eignen sich wunderbar zum Binden von kleinen, kompakten Sträußen. Im Sommer gesät, werden die Pflanzen im Herbst an den endgültigen Standort

Christrosen – kostbare Blüten in blütenarmer Zeit.

gesetzt und müssen überwintern, bevor sie im nachfolgenden Frühjahr und Frühsommer zur Blüte kommen.

Gänseblümchen, *Bellis perennis* • Besonders die gefüllten Sorten dieser alten Bauerngartenpflanze sind hübsch für kleine Frühlingssträuße. Guter Boden fördert Blütengröße und Füllung. Die Sorte 'Enorma' (5) hat lange Stiele und eignet sich für den Schnitt, andere Sorten sind auf kompakten Wuchs gezüchtet und bringen nur kurze Stiele. Die hübsche Sorte 'Erdbeersahne' (2) bzw. bei (4) 'Strawberries and Cream' hat starke Stiele und wird bei guter Nährstoffversorgung 20 cm hoch (Zahl in Klammer = Bezugsquelle, Seite 140).

Vergissmeinnicht, *Myosotis sylvatica* • Das weithin leuchtende Vergissmeinnichtblau ist eine Zierde für den Garten und Grundlage bunter Frühlingssträuße. Obwohl eigentlich eine Staude, wird das Vergissmeinnicht meist zweijährig gezogen. Die Sorten, die im Frühjahr angeboten werden, sind meist kompakt wachsend und für den Schnitt weniger geeignet. Wenn Sie Vergissmeinnichtsträuße lieben, sollten Sie 'Dunkelblauer Turm', die Nachfolgesorte der Schnittsorte 'Blauer Strauß', die nicht mehr angeboten wird, säen. Diese Sorte ist tiefblau und wird 25 cm hoch (5). Fans der Farbe Rosa werden die Fleuroselect-Sorte 'Rosylva' (1), (2), (5) mögen.

Für Frühlingssträuße sind Gänseblümchen unentbehrlich.

Perfekte Partner für späte Tulpen im sind Vergissmeinnicht.

TIPP

Für ein Frühlingsmeer in Vergissmeinnichtblau im nächsten Frühjahr sorgen Sie, wenn Sie die ausgeblühten Pflanzen auf einem Beet oder unbestellten Gartenstück auslegen und dort mehrere Tage zum Aussamen liegen lassen. Nach einigen Wochen haben Sie Hunderte von Sämlingen. Die kräftigsten Pflanzen setzen Sie dorthin, wo sie im nächsten Frühjahr blühen sollen.

Goldlack, *Erysimum cheiri* • Er ist fast aus der Mode gekommen und hat doch viel nostalgischen Charme. Der herrliche und einfach unverwechselbare Duft des Goldlacks und seine wunderschönen Brokattöne in Gold, Messing und Kupferrot entschädigen überreichlich für die kleine Mühe des zweijährigen Anbaus. In rauen Lagen braucht er sehr guten Winterschutz, ist das Klima sehr rau, sollten Sie ihn sicherheitshalber frostfrei überwintern. Aber vielleicht haben Sie das Glück und gärtnern im Weinbauklima. Dort können Sie den Goldlack ohne Probleme als dauerhaften Halbstrauch von 80 cm Höhe ziehen. Geben Sie Goldlack einen sonnigen Standort und sorgen Sie für einen frischen, nährstoffreichen Boden, dann können Sie von April bis Juni unvergleichlich duftende Sträuße schneiden. Die Sorte 'Orange Queen' wird als einjäh-

rig zu kultivieren angeboten, mit Blütezeit im Herbst. Sie ist auch in rauen Lagen einen Versuch wert.

BLÜTEZEIT FRÜHSOMMER UND SOMMER

„Kaiserliche Schöne"

Pfingstrosen, *Paeonia officinalis* und *Paeonia lactiflora* • Als Erste blüht die von der europäischen Art abstammende Bauern-Pfingstrose auf. Sie ist duftlos, die gefüllt blühenden Hauptsorten sind 'Rosea Plena' (rosa) und 'Rubra Plena' (dunkelrot).

Die duftende Edel-Pfingstrose oder Chinesische Pfingstrose, *Paeonia lactiflora*, aus dem Reich der Mitte ist eine der schönsten Schnittblumen überhaupt. Paeonien brauchen einen sonnigen,

leicht lehmigen nährstoffreichen Boden, möchten nicht zu tief stehen und jahrzehntelang an ihrem Standort bleiben. Bekannte Sorten sind:

- 🌿 'Sarah Bernhardt', kräftig rosa, dicht gefüllt.
- 🌿 'Duchesse de Nemours', rahmweiß.

Die „Blaublütigen"

Glockenblumen, *Campanula* • Die Pfirsichblättrige Glockenblume, *Campanula persicifolia*, ist eine wertvolle Frühsommerstaude, die sich schön kombinieren lässt. Wichtige Sorten sind:

- 🌿 *C. persicifolia* 'Grandiflora Coerulea', blaue Blüten.
- 🌿 *C. persicifolia* 'Grandiflora Alba', weiße Blüten.

Die Marien-Glockenblume, *Campanula medium*, wird zweijährig gezogen. Es gibt sie in blauen, weißen und rosa Tönen, besonders wertvoll sind die blauen der Sorte *C. medium* 'Coerulea'.

Rittersporn, *Delphinium* • Rittersporn bringt das begehrte Sommerblau in die Vase. Neben den einjährig zu ziehenden *D.-ajacis*-Sorten, die bei den einjährigen Sommerblumen beschrieben werden, sind für die Vase die staudigen Gartenrittersporne wichtig. Der bekannte Züchter Karl Foerster aus Potsdam-Bornim hat sich um die Rittersporne besonders verdient gemacht. Seine blauen Sorten der Belladonna-Hybriden 'Völkerfrieden', enzianblau, und 'Piccolo', enzianblau mit weißem Auge, sind bis heute unerreicht. Sie sind haltbar in der Vase und weniger mehltauanfällig als andere Rittersporn-Arten. Auch die Foerster-Züchtung *D. elatum* 'Finsteraarhorn' ist tief enzianblau. Wird sie nach der Blüte über dem Boden abgeschnitten und gedüngt, kommt es im Spätsommer zu einer zweiten Blüte.

Die leichte Vermehrbarkeit der Pacific-Hybriden aus Samen, zum Beispiel 'Black Knight', dunkelviolett, 'Blue Bird', mittel-

blau mit weißer Biene, 'Summer Skies', himmelblau, und 'Galahad', weiß, ist zwar von Vorteil, allerdings müssen sie im Garten aufwändig gestützt werden und sind in der Vase deutlich schlechter haltbar als die Belladonna-Hybriden mit straffen Stielen. Die *Delphinum*-Hybride 'Stand up' ist besonders standfest und kann ohne Stütze auskommen, sie muss aber, wie die Pacific-Hybriden, aus Samen gezogen werden (2). Belladonna-Hybriden können nur durch Teilung oder Stecklinge vermehrt werden.

„Feuerglut"

Mohn, *Papaver* • Edle Riesenblüten bringt der Türkische Mohn, *Papaver orientale*. Obwohl nur kurzlebig, sind sie auch als Schnittblume ein unvergleichliches Erlebnis. Es gibt viele feuerrote Sorten, wie 'Aladin', 'Sindbad', 'Sturmfackel'. Schön sind auch die rosafarbenen Sorten, zum Beispiel 'Rosenpokal', und die leuchtend korallenrosafarbene Sorte *P. orientale* 'Coral Reef',

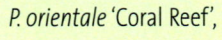

die samenecht ist, ebenso wie der weiße *P. orientale* 'Checkers'.

Papaver nudicaule, der Island-Mohn, ist sehr gut für den Schnitt geeignet. Die Vermehrung erfolgt durch Direktsaat im Herbst. Empfehlenswerte großblumige Sorten sind:

🌿 'Gigantea' (5) und

🌿 'Illumination' (5).

Die vielen einjährig zu ziehenden Mohnarten werden im Abschnitt „Sommerblumen" abgehandelt.

TIPP

Mohn sollten Sie schneiden, wenn die Knospenhüllen beginnen aufzubrechen.

Nelkenwurz, *Geum*-Hybriden • Hübsche, aber anspruchslose und überaus dankbare Stauden für den Schnitt sind die orangefarbenen Sorten 'Feuermeer' und die halb gefüllte 'Werner Arends' sowie die orangegelbe Sorte 'Georgenberg'. Im Frühling ist die Farbkombination mit blauer Berg-Flockenblume, Margeriten und Vergissmeinnicht unschlagbar. Wenn verblühte Blüten regelmäßig

ausgeputzt werden, kommen auch im Sommer und Herbst noch Blüten nach.

„Sonnenstrahlen"

Färber-Hundskamille, *Anthemis tinctoria* • Die Blüten der Färber-Hundskamille eignen sich zum Färben von Wolle, weshalb sie in der Vergangenheit vielfach angebaut wurde. Die Trockenrasenpflanze wächst an ihren Naturstandorten in voller Sonne und liebt diese auch im Garten. Dann liefert sie ausgezeichnete Schnittblumen. Durch Kreuzungen sind einige Gartensorten entstanden. Die wilde Art kann gesät und zweijährig gezogen werden, die Gartenzüchtungen werden durch Stecklinge vermehrt. Empfehlenswerte Sorten sind:

🌿 'Grallagh Gold', goldgelbe Blüten.

🌿 'Wargrave', hell cremefarbene Blüten.

Sonnenbraut, *Helenium* • Sie ist eine anspruchslose, reich blühende Staude in schönen Gelb- bis Gelbbrauntönen und passt herrlich in spätsommerliche und herbstliche Sträuße.

Helenium liebt nährstoffreiche Böden, die auch im Sommer nicht austrocknen dürfen. Es gibt sommer- und herbstblühende Sorten. Besonders die spät

blühenden Sorten sind wertvoll, da sie schön mit Beeren und Herbstlaub kombiniert werden können. Wichtige Sorten sind:

🌿 *H.*-Hybride 'Baudirektor Linné', samtig rot, Blüte mit brauner Mitte.

🌿 *H.*-Hybride 'Feuersiegel', hell goldbraune Blüte.

🌿 *H.*-Hybride 'Waltraud' kupferig rotgelb getönte Blüte.

Highlights der Sommersträuße – Margeritensterne • Weiße Margeritenblüten geben Sträußen ein sommerlich frisches Aussehen. Viele verschiedene Arten und Sorten mit weißen Sternblüten sind verwendbar. Attraktiv von Ende Mai bis Juni/Juli ist die Wildform *Leucanthemum vulgare*, Syn. *Chrysanthemum leucanthemum*, die sich auch für den Garten eignet und Bestandteil vieler Wildblumenmischungen ist. Die großblumigen Züchtungen blühen im Frühsommer über einen langen Zeitraum. Schöne Sorten für den Schnitt sind *L.* × *superbum* 'Harry Pötschke' und die halb gefüllte Sorte *L.* × *superbum* 'Crazy Daisy'. Für alle Margeritenstauden gilt: Rückschnitt nach der Hauptblüte sorgt für eine schöne Nachblüte im Herbst.

Die wilden Hundskamillen sind für den Garten bisher noch nicht entdeckt worden. Sie eignen sich aber wunderbar für bunte Sommersträuße und sind den ganzen Sommer bis zum Herbst häufig an Wegrändern und auf aufgeschüttetem Boden zu finden. Da die Stiele meist kräftig verzweigt sind, bilden bereits drei oder vier Stiele einen schönen Strauß. Auch andere Mutterkraut-Arten haben schöne Margeritenblüten für den Schnitt zu bieten. Von *Tanacetum parthenium*, in den Katalogen häufig noch als *Chrysanthemum parthenium* geführt, ist die einfach blühende weiße Sorte 'Roya' mit den gänseblümchengroßen Margeritenblüten besonders schön (5).

Für den Schnitt geeignet sind auch die Strauchmargeriten, *Argyranthemum frutescens*, die meist als Kübelpflanzen gezogen werden. Ihre Strahlenblüten geben allein oder gemischt mit anderen Blumen fröhliche Tupfer.

DUFTFAVORITEN

Phlox, *Phlox paniculata, P. maculata* •
Mit dem Phlox hält der Duft des Hochsommers Einzug in unserem Garten und deshalb können wir in unseren Sträußen nicht auf ihn verzichten.

Farblich ist er wunderbar einzufügen, denn von weißen über zart rosafarbene bis zu kräftigen violetten Tönen, Rot und sogar Orange ist ein sehr breites Farbspektrum vorhanden. Besonders die weißen und rosa Töne sind schön in bunten Sommersträußen.

Phlox braucht frischfeuchte Böden bei voller Sonne und will gut ernährt werden. Er ist anfällig für Mehltau und Wurzelälchen (Nematoden). Wer die wilde Farbkombination ertragen kann, pflanzt deshalb Tagetes daneben. Wenn Sie bisher keinen Phlox im Garten haben, sehen Sie sich in den Nachbargärten um. Was dort gut und gesund wächst, wird auch bei Ihnen gedeihen. Schöne Sorten sind:

- *P. paniculata* 'Landhochzeit', rosa mit purpurfarbenem Auge.
- *P. paniculata* 'Schneeferner', schneeweiße Blüten.
- *P. paniculata* 'Gnom', lachsrosa Blüten.
- Auch die *P.-maculata*-Sorten sind zu empfehlen.

Nelken, *Dianthus caryophyllus, D. gratianopolitanus, D. plumaris, D. barbatus* •
Nelken sind etwas für feine Nasen. Die um Pfingsten blühenden Polsternelken, *Dianthus gratianopolitanus*, die Pfingst-Nelke, und *D. plumaris*, die Feder-Nelke,

TIPP

- > Nelken sind Lichtkeimer, Samen nicht abdecken!
- > Sie benötigen eine gute Stütze. Profi-Gärtner verwenden ein „Nelkengitter", damit die Blüten makellos und gerade wachsen.
- > Wenn die Seitenknospen ausgebrochen werden, entwickeln sich besonders schöne Blüten.

sind schön für romantische Sträuße. Wer langstielige Nelken mag, sollte *D. caryophyllus*, die Garten-Nelken, säen. Riesen-Chabaud-Nelken können ab Februar gesät werden und blühen von Juni bis Oktober. Starke Stiele und große Blüten (8 cm Durchmesser) hat die Sorte

- 'Enfant de Nice' (5). Kamelienblütige Remontant-Nelken haben große, stark gefüllte Blüten, ähnlich einer Kamelie, und lange straffe Stiele. Sie werden ebenfalls einjährig gezogen.
- 'Nouvelle Race' ist eine französische Originalsaat des Züchters William Martin (5).

Garten- oder Land-Nelken werden zweijährig gezogen und erfreuen durch Duft und Blütenreichtum.

🌿 'Triumph', gute Sorte, mit langen drahtigen Stielen.

🌿 'Peach Delight' bezaubert durch große gefüllte Blüten in Pfirsichrosa (4).

Nelken lassen sich gut vegetativ vermehren; von gekauften Schnitt-Nelken können Stecklinge aus Seitentrieben gezogen werden. Die altbekannten Bart-Nelken, *Dianthus barbatus*, sind ebenfalls zweijährig zu ziehen und eignen sich sehr gut als haltbare Schnittblumen.

Die Sorte 'Bodestolz F 1' (2) blüht, zeitig im Frühjahr gesät, noch im selben Jahr.

STAUDEN MIT DEKORATIVEN BLÄTTERN UND VIELSEITIGE „FÜLLER"

Absolut unverzichtbar für Hobbyfloristen sind wegen ihrer dekorativen Blätter:

Bergenie, *Bergenia* • Von dieser anspruchslosen Blattschmuckstaude ergeben ein oder zwei Blätter bereits die Basis für einen dekorativen Strauß. Im Winter entwickelt sie eine schöne rötliche Blattfärbung. Im Handel finden Sie auch kompakte Sorten, sollten zum Binden aber großblättrige Sorten auswählen.

🌿 *B.*-Hybride 'Abendglocken', besonders schöne Blattfärbung im Herbst.

Funkie, *Hosta* • Die Funkie ist eine vielseitig einsetzbare Staude, die in letzter Zeit mit vielen neuen buntblättrigen Formen wieder in Mode kommt. Vor allem im späten Frühling und im Sommer lassen sich gebundene Sträuße wunderbar von Funkienlaub umkränzen. Eine kaum überschaubare Zahl verschiedener Sorten mit gelbgrünem oder blaugrünem Blatt ist im Handel. Kaufen oder „erbetteln" Sie bei Gartenfreunden eine Sorte, deren Blätter Ihnen gefallen und ausreichend lange Stiele besitzen. Auffällig sind die weiß oder gelb gerandeten oder gefleckten Sorten, die in Sträußen nicht nur „abrundend", sondern auch stark gestalterisch wirken.

Doch achten Sie auf Schnecken – zerfressene Blätter sind wenig attraktiv.

Frauenmantel, *Alchemilla mollis* • Dieser wichtigste Partner aller Frühsommer- und Sommerblumen macht Sträuße duftig und harmonisiert Farben. Er ist auch im Garten dekorativ und ein guter Bodendecker. Für Maiensträuße eignet sich auch die Wildstaude *Alchemilla simplex*.

Schleierkraut, *Gypsophila* • Diese Staude ist unentbehrlich für duftige Sommersträuße und zum Trocknen. Sie verlangt einen vollsonnigen Standort und durchlässigen Boden. Die beste Sorte zum Schnitt:

🌿 *G. paniculata* 'Bristol Fairy', gefüllt, 80 cm hoch werdend.

Dekorative Gestecke – mit einem Bergenienblatt als Basis im Nu fertig.

Die Schönen vom Lande

*I*m Frühling und Sommer blühen Wiesen und Wegränder in wahrer Pracht. Wir binden fröhliche Sträuße, denn vor ihren vornehmen Schwestern aus dem Garten müssen sich die wilden Schönheiten nicht verstecken.

Die Wiesen blühen

Ein bunter Mix von Blumen aus dem Garten und vom Wegesrand, wie er schöner nicht sein kann. Berg-Kornblume, Vergissmeinnicht und rote Nelkenwurz kommen aus dem Garten, haben aber ihren Wildcharakter bewahrt und harmonieren daher bestens mit Sauerampfer, den „Butterblumen" des Scharfen Hahnenfußes und den Blüten des Wegerichs, die jetzt an den Wegrändern und Wiesen in Massen zu finden sind. Gehalten wird der Strauß von einem Rund aus Blättern der Funkie. Er ist in der Garbentechnik gebunden, kann aber auch locker gesteckt werden, wenn ein Knäuel Maschendraht in der Vase für den notwendigen Halt der Stiele sorgt.

Schönes, grünes weiches Gras.
Drin liege ich.
Inmitten goldgelber Butterblumen!
Über mir ... warm ... der Himmel ...

Arno Holz,
Mählich durchbrechende Sonne

Frühlingsleuchten

Wenn die Blütenfülle des Gartens für einen solch opulenten Strauß nicht ausreicht, füllen Sie ihn mit Kräutern auf, die jenseits des Gartentores wachsen. Die duftigen Wolken liefert der Wiesenkerbel, der im Frühsommer allgegenwärtig ist und auch die gelben Blüten des Scharfen Hahnenfußes leuchten jetzt überall. Als schöne Ergänzung kommen die rot-grünen Sauerampferrispen dazu, die elegant die Horizontale betonen. Leuchtendgelber Besenginster und die Zweige des Traubenholunders, der bereits kleine grüne Früchte angesetzt hat, sind nicht unbedingt erforderlich, sorgen aber für zusätzliche Fülle. Die drallen gelben Bälle der Trollblume, die ebenfalls zur Familie der Hahnenfußgewächse gehört, und die orangeroten Blüten der Nelkenwurz wachsen im Garten und bilden den wahrhaft leuchtenden Mittelpunkt. So entsteht ein sprühendes Feuerwerk in Gelb- und Orangetönen, das selbst die unscheinbarste Ecke zum Leuchten bringt.

Solch üppige Sträuße verbrauchen viel Wasser, also nicht vergessen, täglich Wasser nachzufüllen!

Kräuter von Wegesrand und Wiese sind eine wunderbare Ergänzung zu Trollblumen und Nelkenwurz aus dem Garten.

Kornblumen, Mohn und Margeriten

Kindheitserinnerungen – flirrende Hitze über wogenden Getreidefeldern, dazwischen das glühende Rot des Klatsch-Mohns und das leuchtende Blau der Kornblumen, an den Feldrändern strahlen frischweiße Margeritensterne ...
Der Strauß in den klaren Farben des frühen Sommers hat ein wenig von der unbeschwerten Fröhlichkeit eines Kindersommers.
Trotz intensiver Landwirtschaft und ungehemmtem Herbizideinsatz gibt es die Felder immer noch, in denen Mohn und Kornblumen leuchtende Tupfer im Ährenmeer bilden. Wer sie nicht mehr findet, sät eine Feldblumenmischung im Garten aus.

! *Mohn benötigt offenen Boden, damit er sich immer wieder neu aussät und sein Leuchtfeuer entfaltet.*

Von Wegesrand und Blumenwiese

Ährenfelder, in denen Mohn und Kornblumen stehen und an deren Feldrändern die Margeritensterne fröhlich leuchten, und Wiesen, in denen bunte Schmetterlinge gaukeln, sind selten geworden. Wer die wilden Schönheiten liebt, sät sie in seinem Garten aus und wird mit einer Blütenpracht belohnt, die nicht nur das Auge erfreut, sondern auch Nahrung für Schmetterlinge und andere Insekten bietet. Die Angebotspalette an Wildblumen ist breit gefächert. Viele verschiedene Mischungen in unterschiedlich artenreichen Zusammensetzungen werden angeboten, je nach Standortbedingungen und Verwendungszweck. Bei den Wiesenblumenmischungen können Sie

zwischen reinen Blumenmischungen und Mischungen, denen Grassamen beigefügt ist, wählen.

Gesät wird direkt breitwürfig auf den vorbereiteten Boden. Beachten Sie die aufgeführten Angaben je m² genau, damit der Samen nicht zu dicht liegt. Einigen Mischungen ist ein Saathelfer beigefügt, der die Aussaat erleichtert. Halten Sie bis zum Auflaufen den Boden feucht und verziehen Sie, wenn nötig, zu dicht stehende Pflanzen. Danach ist der Pflegeaufwand gering und Sie können sich im Liegestuhl zurücklehnen und den Schmetterlingen zusehen, während die Gärtnerin schöne Sträuße schneidet. Die Feldblumenmischungen enthalten

nur einjährige Arten, bei den Wiesenblumenmischungen überwiegen im ersten Jahr die einjährigen Arten, während sich im zweiten Jahr die mehrjährigen Kräuter durchsetzen.

Empfehlenswertes Saatgut (Klammerzahl = Bezugsquelle, Seite 140):

- „Wildblumen für die Naturwiese" (1), (2), (3) – im ersten Sommer blühen die einjährigen Arten. Im August muss gemäht werden, damit die mehrjährigen Kräuter sich entwickeln.
- „Blühende Waldwiese" (3) – enthält Wildblumenarten aus Europa und Nordamerika, eignet sich auch für schattige und halbschattige Gartenplätze.

TIPP

Alle Blumen, die ihren Wildcharakter bewahrt haben, wie Kornblumen, Margeriten und Mohn, können gut im Herbst ausgesät werden. Schließlich ist das auch in der Natur der Aussaattermin. „Wildblumen säe ich, wenn auch der liebe Gott sät", hat mir einmal eine alte Bäuerin gesagt. Wenn Sie die Hälfte des Saatguts im Herbst und die andere Hälfte im Frühling säen, haben Sie über einen besonders langen Zeitraum Freude an den Blüten.

Glockenblumen, Färber-Hunds-kamille und Margeriten am Wegesrand gepflückt.

- 🌿 „Das blühende Kornfeld" (3) – enthält die einjährigen Arten der Kornfeld-Begleitflora.
- 🌿 „Amerikanische Landblumenmischung" (2) – enthält viele Naturformen unserer Gartenblumen.
- 🌿 „Bella Mediterranea" (2) – bietet Wildblumen der Mittelmeerländer. Kornblumen, Klatsch-Mohn und Wiesen-Margeriten können auch einzeln ausgesät werden.
- 🌿 „Wilde Kornblume", *Centaurea cyanus* (1), (3).
- 🌿 „Klatsch-Mohn", *Papaver rhoeas* (1), (3).
- 🌿 „Echte, wilde Margerite", *Leucanthemum vulgare* (3).

WILDSTAUDEN UND STAUDEN, DIE SICH IHREN NATÜRLICHEN CHARME BEWAHRT HABEN

Berg-Flockenblume, *Centaurea montana* • Diese mehrjährige „Kornblume" ist eine Bereicherung für bunte Frühlingssträuße.

Nelkenwurz, *Geum* • Hübsche orangerote Blüten für den Schnitt.

Hundskamille, *Anthemis* • Die Acker-Hundskamille (*A. arvensis*) wächst im Sommer bevorzugt an Wegrändern und Schuttplätzen. Die Färber-Hundskamille (*A. tinctoria*) fühlt sich besonders an Bahndämmen und anderen trockenen Plätzen wohl. Auch in vielen Wildblumenmischungen sind beide Arten enthalten.

Kanadische Goldrute, *Solidago canadensis* • Dieser dekorative „Einwanderer" ist schön für Sommersträuße Ton in Ton.

Rainfarn, *Tanacetum* • Als Allerweltspflanze mit goldgelben, sehr haltbaren Korbblüten, die in Dolden stehen, ist Rainfarn ein guter Füller, der sich auch zum Trocknen eignet.

TIPP

Noch ein Wort zum Pflücken von Blumen in der Natur:

- › Auch Allerweltspflanzen in Maßen pflücken, Standorte nicht zerstören!
- › Keine geschützten Pflanzen und nicht in Naturschutzgebieten pflücken!
- › Landwirtschaftlich genutzte Flächen nicht „zertrampeln"!

Romantische Träumereien

Zeit der Rosen –
Zeit für romantische Gefühle.
Lassen Sie sich verzaubern
und genießen Sie die Rosenzeit
in vollen Zügen ...

Die erste Rosenblüte

Der Tag, an dem die erste Rose ihre Blüte öffnet, ist ein Glückstag. In meinem Garten ist die Bibernellrose die Erste. Bereits Anfang Mai eröffnet sie den Rosenreigen mit lieblichem Honigduft. Später werden viele Rosen folgen, aber keine wird den Zauber der ersten Blüte tragen.

Wahrscheinlich werden einige Fachleute an meinem Verstand zweifeln, wenn ich *Rosa pimpinellifolia* ernsthaft für den Schnitt empfehle, denn ihre Blütezeit ist kurz. Doch zwei Wochen im Mai sorgt sie für wunderbar duftende Vasenfüllungen. Die einzelnen Blüten halten in der Wohnung höchstens zwei Tage, aber mit einem Frischhaltemittel im Blumenwasser öffnen sich nacheinander alle Knospen eines Zweiges und man hat eine Woche lang Freude daran.

*Erste Rosen erwachen,
und ihr Duft ist zag ...*

Rainer Maria Rilke

Die Schöne aus dem Reich der Mitte

Wenn der ländliche Adel, die Bauern-Pfingstrosen, verblüht sind, kommt die Zeit der Edel-Pfingstrosen, *Paeonia lactiflora*. Ihre Blüte gehört zu den Höhepunkten des späten Frühlings und sie ist eine der schönsten Schnittblumen, vielleicht die schönste ...

Paeonia lactiflora ist eine der ältesten Kulturpflanzen der Welt. Bereits 900 Jahre vor Christi Geburt wurden am kaiserlichen Hof in China Paeonien gezüchtet und mit Ehrentiteln, wie „Zierde des Kaiserreiches" und „Schönste im Land" ausgezeichnet.

Achten Sie beim Schnitt darauf, dass die Blüten zwar noch knospig, aber nicht mehr hart und fest geschlossen sind. Dann wird das zaghafte Entfalten der Blüte zu einem Erlebnis. Die Edel-Pfingstrose verströmt einen wunderbar fruchtigen Duft, der bei den hellen gefüllten Varietäten besonders ausgeprägt ist.

Ganz neue Seiten zeigt der Giersch – als lästiges „Unkraut" gefürchtet, liefern seine Blüten in diesem Arrangement die edle Schweizer Spitze als Beigabe.

Kaiserliche Schöne im seidenen Ballkleid – die Sorte 'Sarah Bernhardt' zusammen mit magentaroter Weigelie und dem zarten Spitzengewirk des Giersch.

Ein Sommernachtstraum

Romantische Sommersträuße müssen duften. Das erwarten wir einfach. Bei diesem Strauß werden Ihre Erwartungen mit Sicherheit erfüllt. Wohlriechende Rosen in verschiedenen Farben, Frauenmantel mit zartem Honigaroma und dazu der schwere, betörende Duft des Jelängerjelieber, *Lonicera caprifolium*, der abends besonders intensiv ist – ein Strauß, der einen ganzen Raum mühelos mit dem Odeur einer Sommernacht erfüllt.

Rosen und die schlingenden Lonicera-Arten und -Sorten ergänzen sich in Farbe und Duft wunderbar. Lonicera × heckrottii, außen dunkelpurpur, innen gelb oder Lonicera × tellmanniana, gelborange, ergeben mit gelben und kupferfarbenen Rosen ein himmlisches Duett.

Duft ist die Seele der Rose.

Hofstaat für die Königin

Duftiger Frauenmantel und die Pfirsichblättrige Glockenblume als Rosenkavaliere für die historische Alba-Rose 'Maiden's Blush' und 'Constance Spry', die erste der „Englischen Rosen" aus der Züchtung von David Austin. Beide Rosen blühen überreich, aber dafür nur einmal im Jahr.

'Cuisse de Nymphe Emue' mit dem kleinen grünen Auge zählt zu den ältesten europäischen Rosensorten. Ihre frühesten Formen gehen bis in das 15. Jahrhundert zurück. Der französische Name lässt sich als „Schenkel einer leidenschaftlichen Nymphe" übersetzen, was die prüden Viktorianer bewogen hat, ihr eine Reihe neuer Namen zu verleihen – 'Incarnata', 'La Virginale' und 'Maiden's Blush', unter dem sie noch heute in den Katalogen geführt wird.

Der grüne Glaspokal ist ein wunderbares Gefäß für ein solch anmutiges Arrangement und wenn Sie dieses Gesteck auf nassem Steckschaum herstellen, haben Sie lange Freude daran.

Blaue Blumen sind in Arrangements, wie auch im Garten, die edelsten Kavaliere der königlichen Schönheiten. Tiefblauer Rittersporn, die verschiedenen Glockenblumen, aber auch Ehrenpreis und blauer Storchschnabel harmonieren vor allem mit rosafarbenen und gelben Rosen. Weiße Rosen wirken edel in Gesellschaft weißer oder grünlich weißer Blüten.

Eleganz in Weiß und Grün

Ein Arrangement in Weiß und Grün mit duftig eleganter Wirkung. Die Wald-Hortensie *Hydrangea arborescens* 'Grandiflora' ist ein dekorativer Strauch, dessen weiße Blütenbälle sich auch hervorragend zum Schnitt eignen. In einem bunten Strauß als Mittelpunkt oder, so wie hier, Ton in Ton machen die dicken Blütenbälle Eindruck. Im Verblühen „ergrünen" die Scheinblüten, was sehr effektvoll wirkt. Hier wurden noch weiße Blüten und bereits zart ergrünte gemischt. Das klare Weiß der Rosen kommt dadurch besonders schön zur Geltung.

Verwenden Sie einen nassen Steckschwamm als Unterlage, dann lassen sich solche Arrangements ohne Mühe zaubern.

Weiße Rosen und zart ergrünte Hortensienblüten in einem eleganten Arrangement.

Rosen Rot ...

Kann man zu diesem Arrangement noch Worte
finden, die das Bild nicht aussagt?
Der Sommer ist schon fortgeschritten, wenn die
Brombeeren reifen. So wie die Rosen, die auf dem
Höhepunkt ihrer Schönheit sind, kurz bevor sie
verwelken ...

*Ich sah des Sommers letzte Rose stehn,
sie war, als ob sie bluten könne, rot; ...*

Friedrich Hebbel, Sommerbild

Der Rosengarten

Ein Garten ohne Rosen ist beinahe unvorstellbar. Selbst im kleinsten Stadtgarten findet wenigstens eine Rose Platz und erfreut uns mit ihrem aristokratischen Charme.

Für die Hobby-Blumenbinderei sind fast alle Rosen geeignet, einige zeichnen sich aber durch ihre Eigenschaften, wie Duft, Schönheit, Wüchsigkeit und Haltbarkeit, besonders dafür aus.

Die Massen-Schnittrosen, die es das ganze Jahr über zu kaufen gibt, sind mittlerweile auf ewige Jugend getrimmt, denn sie bleiben im Verwelken noch knospig, Geschmackssache – mir gefallen die voll erblühten in ihrer ganzen Schönheit sehr viel besser ...

Duft ist die Seele der Rose ... •

Von einer Rose erwarten wir, dass sie duftet. Machen Sie die Probe aufs Exempel, wenn Sie einen Strauß mit Rosen verschenken.

Reflexartig wird die oder der Beschenkte das Gesicht über den Strauß beugen und mit der Nase über dem Strauß einatmen. Nimmt sie den erwarteten Duft wahr, kommt ein Aaaahhhh..., ist kein Duft vorhanden, zeichnet sich Enttäuschung auf dem Gesicht ab. Eine Rose muss eben duften ...!

Nicht jede Gärtnerin verfügt jedoch über eine so dufterprobte Nase wie ein Parfümeur. Auch abhängig von der Tageszeit und der Luftfeuchtigkeit ändert sich die Duftintensität. Und selbst bei den einzelnen Individuen einer Sorte schwanken Intensität und Beschaffenheit des Duftes in Abhängigkeit von Bodenverhältnissen und Standort. Sehr eindrucksvoll beschreibt das die berühmte Gartenschriftstellerin Alma de l'Aigle in ihrem Buch „Begegnung mit Rosen", einer Fundgrube für jeden Gärtner und jede Gärtnerin. Niemand vor und niemand nach ihr hat sich jemals mit so viel Mühe und Einfühlungsvermögen dem Kapitel „Rosenduft" gewidmet. Wo andere den Duft in mageren Worten wie „guter Edelrosenduft" beschreiben, klassifiziert sie die einzelnen Düfte in Duftklassen von „Canina" bis „White Rose-Duft" und verwendet wunderbar poetische Beschreibungen, wie „willig strömend", „verhauchend" oder „luftseelig" für das Temperament des Duftes. Das Wesen des Duftes beschreibt sie genussvoll mit Worten wie: „nach reifen Himbeeren", „nach Waldboden im Frühling", „nach Mädchenhaut, die nach Heuernte riecht". Allein für den Genuss der 21 Seiten, in denen sie sich mit dem Duft der Rosen auseinander setzt, lohnt sich die Anschaffung des Buches, das als Reprint der Ausgabe von 1958 derzeit wieder lieferbar ist.

TIPP

Besuchen Sie einen der großen Rosengärten zur Rosenzeit – Sangerhausen, auf der Mainau oder im Westfalenpark Dortmund – sehen und schnuppern Sie! Gestützt auf Ihre Notizen, bestellen Sie dann im Herbst bei einer der namhaften Rosenschulen und im nächsten Sommer schwelgen Sie im Rosenduft.

Zauber der Rosen.

Empfehlenswerte Sorten • Wenn ich für meinen Garten nur eine einzige Rose auswählen dürfte, dann würde ich mich für eine der **Englischen Rosen** entscheiden. Denn sie vereinen alles, was ich von einer Rose erwarte – die schönen Blütenformen und den starken Duft der Alten Rosen, die Farben und die lange Blütezeit der modernen Rosen. Vielleicht entscheide ich mich für

🌿 'Gertrude Jekyll', in kräftigem Rosa und mit sehr intensivem Duft, oder doch lieber für

🌿 'Graham Thomas', in sattem Gelb, starkwüchsig und mit köstlichem Teerosenduft.

Vielleicht ist es aber auch

🌿 'Abraham Darby', in kupfrigem Apricot, außen rosa überhaucht und mit kräftigem Duft, bis 200 cm hoch werdend, oder

🌿 'Evelyn' – in Deutschland heißt sie 'Apricot Parfait' – in Gelb-Apricot-Rosa und dem „vielleicht kräftigsten und köstlichsten Duft von allen Englischen Rosen", wie David Austin schreibt.

Oder soll es

🌿 'Winchester Cathedral' sein, in Weiß und mit einem Alte-Rosen-Duft mit einem Hauch von Honig?

🌿 'L.D. Braithwaite' in samtigem, nicht verblassendem Rot und mit wunderbarem Duft ist dagegen etwas für die Liebhaber kräftiger Farbtöne.

🌿 'Constance Spry', die erste Englische Rose von David Austin, blüht leider nur einmal zu Beginn des Sommers, aber so schön, dass Sie die übrige Zeit von dieser Blüte träumen.

Die Strauchrose 'Lichtkönigin Lucia' bringt auch im Herbst noch duftende Blüten.

Edelrosen • Haltbar und gut für den Schnitt geeignete Edelrosen sind:

- 'Whisky', bronzegelb, stark duftend.
- 'History', kräftig rosafarben, ballförmige Blüte, leichter Duft.
- 'Candlelight', goldgelb, nostalgisch gefüllt, duftend.
- 'Augusta Luise', pfirsich-apricotfarben, besonders für den Vasenschnitt geeignete Edelrose mit nostalgischem Charme. Ihr Duft wird als berauschend und die Haltbarkeit mit bis zu 10 Tagen angegeben.

Strauchrosen • Die Strauchrosen werden zwar nicht als besonders lange haltbare Schnittrosen angepriesen, durch ihren Blütenreichtum bieten sie jedoch viel Schnittmaterial.

- Die ADR-Rose 'Lichtkönigin Lucia' trägt zitronengelbe Blüten, die einen schönen Teerosenduft verströmen, und sie blüht willig den ganzen Sommer über bis zum ersten Frost.
- Stark gefüllte romantische rosa Blüten hat die öfter blühende 'Eden Rose 85', die ca. 150 cm hoch wird.

Floribunda-Rosen • Sie tragen doldenförmige Blütenstiele. Eine besonders reiche Verzweigung können Sie durch Ausbrechen der Mittelknospe erzielen.

- 'Bonica 82', eine ADR-Rose, gehört zur Floribunda-Klasse. Ihre Blühfreudigkeit und das üppige Wachstum machen wett, dass sie leider nicht duftet; wird sie nicht geputzt, trägt sie außerdem schöne Hagebutten.
- 'Diadem' ist eine rein rosa blühende und aufrecht wachsende Rose mit hervorragenden Schnitteigenschaften. Sie wird 60 bis 80 cm hoch.

TIPP

Achten Sie beim Rosenkauf auch auf das **ADR**-Prüfzeichen (**A**llgemeine **D**eutsche **R**osenneuheitenprüfung), dass jährlich vom ADR-Arbeitskreis an Rosenneuheiten vergeben wird, die sich hinsichtlich Reichblütigkeit, Wirkung und Duft, aber auch durch Gesundheit, Widerstandsfähigkeit gegen Krankheiten und durch besondere Winterhärte auszeichnen.

🌿 'Nostalgie', cremeweiß mit kirschrotem Rand, ballförmig und duftend, sehr gute Haltbarkeit als Schnittrose, wird auch im Erwerbsgartenbau als Freiland-Schnittrose eingesetzt. Für lange Stiele sollten Sie die Seitenknospen ausbrechen, für verzweigte kurze Stiele die Mittelknospe.

🌿 'Mildred Scheel', tief dunkelrot mit starkem Duft und guter Haltbarkeit.

🌿 'Bakarole', samtig schwarzrot, edle Knospe, guter Duft, haltbar in der Vase.

🌿 'Osiana', elfenbeinweiß, leichter Duft.

Besondere Duftrosen • Diese Rosen verheißen ein besonderes Dufterlebnis. Stellen Sie eine einzelne Rose an Ihren Arbeitsplatz und lassen Sie sich von ihrem Duft verzaubern.

🌿 'Duftfestival', dunkelrot, starker Alte-Rosen-Duft, dicht gefüllt.

🌿 'Frederic Mistral', hellrosa, mit einem starken Duft nach Alte Rosen und Zitrone, gut für Freilandschnitt.

🌿 'Paul Ricard', pastellgelb, stark wachsend, Duft mit Anisnote, gut für Freilandschnitt.

TIPP

Rosen sind Starkzehrer, man darf sie trotzdem nicht überdüngen! Die organische Düngung macht sie widerstandsfähiger gegen Krankheiten. Eine Bodenverbesserung erreichen Sie mit Kompost, Mistkompost oder getrocknetem Rinderdung und organisch-mineralischen Rosendüngern.

Die Floribunda-Rose 'Diadem' zusammen mit Frauenmantel und Rittersporn – ein liebliches Bild ...

Sommerfrische

Die Blütenpracht des Sommers füllt jetzt die Vasen mit Duft und Farbe. Gibt es etwas Schöneres, als an einem Sommermorgen mit Korb und Blumenmesser in den noch vom Tau feuchten Garten zu gehen und nach Herzenslust üppige Sträuße zu schneiden?

Körbeweise Sommerfreuden

Üppige bunte Sträuße bringen Sommerstimmung ins Haus. Einträchtig vereint stehen gelbe Wucherblumen neben rosa Rosen und pinkfarbener Cosmea und harmonieren erstaunlicherweise farblich wunderbar miteinander. Denn der bunte Mix aus allem, was der Garten im Sommer an Blüten zu bieten hat, wird farblich zusammengehalten und harmonisiert durch einige Zweige von duftigem Frauenmantel und Schleierkraut und der lieblichen Jungfer im Grünen.
Je nach Angebot von blühenden Stauden und einjährigen Sommerblumen können die Bouquets in ihrer Zusammensetzung variieren. Reizvoll und fröhlich wirken sie immer. Da für solche Prachtsträuße die größte Vase im Schrank noch zu klein ist, wird diesmal der Korb aus geschälter Weide zweckentfremdet. Ein passender Einsatz aus Glas – hier ist es eine Salatschüssel – oder ein kleiner Eimer wird mit einer Maschendrahteinlage versehen und sorgt dafür, dass die Blumen einen guten Stand und genügend Wasser zur Verfügung haben.

Sommerliche Pracht ...

Sommersträuße sonntagsfein

Weiße Margeritensterne sind die Highlights der Sommersträuße. Ob allein oder als Partner für andere Sommerblumen, die weißen Strahleblüten sind vielseitig und bringen sommerliche Frische in jeden Strauß. Dabei sind die wilden Wiesen-Margeriten ebenso attraktiv wie die großblumigen Züchtungen und die kleinen gänseblümchen-großen Margeritensterne des Mutterkrauts oder die Blüten der Strauchmargeriten.

Frisch gewaschen und adrett gestärkt – Margeriten machen Blumensträuße sonntagsfein.

Die Salbeisorte Salvia farinacea 'Reference' wird einjährig als Somme blume gezogen und passt wunderba zu Kapuzinerkresse und Margeriten.

Gelb und weiß für gute Laune

Die Farbkombination Gelb-Weiß wirkt sommerfrisch und sorgt auch an weniger freundlichen Tagen für gute Laune, denn die Kombination aus dem strahlenden Weiß des Milchkruges und dem satten Gelb der Blütenbälle der Tagetes macht Sommerstimmung. Perfekte Ergänzung – die Tischdecke im Markisenstreifen.

In einem Gefäß mit solch weiter Öffnung, wie bei diesem Krug, wird zweckmäßigerweise eine Einlage aus Maschendraht verwendet oder das Gefäß mit einem Steckschwamm versehen. So vorbereitet, bekommen die Stiele genügend Halt, können ohne Mühe gesteckt werden und das Arrangement wirkt locker und ungekünstelt.

Tagetes eignen sich hervorragend als Schnittblumen, denn sie sind in der Vase ausgesprochen lange haltbar und bieten vielseitige Kombinationsmöglichkeiten.

Blumen so blau, so blau ...

*Romantisches Blau in einem Strauß aus
Glockenblumen, Storchschnabel, Lavendel
und Salbei.*

Das Blau des Sommerhimmels scheinen sie zu spiegeln, die blauen Blüten des Sommers – Rittersporn, Glockenblumen, Storchschnabel, Jungfer im Grünen, Salbei, Eisenhut, Afrikanische Lilie, blaue Duftwicken und Kornblumen. Etwas Besonderes ist an dieser Farbe, die wie keine andere die romantischen Gefühle anspricht. Keine andere Farbe hat so viel sommerlichen Charme wie die Farbe des Himmels und des Meeres. Karl Foerster, der sich in Leidenschaft der Züchtung blauer Blumen und besonders der Rittersporne zugewandt hat, schreibt in seinem Buch „Blauer Schatz der Gärten": „... Blau ist ein Herrscher der Gärten. Diese Farbe ... macht gartenfroher als alle anderen Farben. Sie behauptet ihre Heiterkeit gegen Regen und Gewölk, wirkt fast durstlöschend an Hitzetagen, an denen wir so empfindlich gegen müde Farben sind und oft nur Blau lieben ..."

*Blaue Blumen bringen sommerliche Heiterkeit –
einjähriger Rittersporn, Hortensien und Borretsch mit den
weißen Rosen von' Schneewittchen' und weißen Malven
auf nassem Steckschaum gesteckt.*

Sonnenglut

Der späte Sommer und der frühe Herbst bringen Blumen in verschwenderischer Fülle. Prächtige Sonnenblumen, glühende Zinnien, leuchtende Rudbeckia, Ringelblumen und Tagetes. Jetzt dominieren Gelb, Orange und Rot, die warmen Farben des Sonnenuntergangs. Genießen Sie die Glut des Sommers ...

Pralle Lebenslust strahlt dieser Strauß aus. Ein wahres Feuerwerk von Gelb-, Orange- und Rottönen bringt diesen Strauß zum Glühen. Nichts für zarte Gemüter ...
Bei den Sonnenblumen wurde hier eine pollenlose Sorte gewählt, dazu Zinnien in Gelb, Orange und Rot.

Zum Abschluss des Sommers Blumen, die wie Sonnen strahlen ...

Sommerblumen im Quadrat – Blütentraum

Die Einjährigen Sommerblumen sind eine preiswerte Möglichkeit, Schnittblumen zu ziehen. Einjährig heißen sie, weil sie, im Frühling gesät, im selben Sommer noch blühen und mit den ersten Herbstfrösten absterben. Bei gut geplanter Auswahl können Sie den ganzen Sommer über viele Wochen bis weit in den Herbst hinein bunte Sträuße schneiden, mit denen Sie Ihre Wohnung schmücken und nette Mitmenschen beschenken können.

Anspruchslos und leicht zu ziehen • Diese Sommerblumen stellen bis auf wenige Ausnahmen keine hohen Ansprüche. Sie sind bereits mit einem normalen Gartenboden und einem möglichst sonnigen Standort zufrieden.

TIPP

Wenn Sie genügend Platz im Garten zur Verfügung haben, sollten Sie ein oder sogar mehrere Sommerblumenbeete anlegen. Ist der Platz begrenzt, pflanzen Sie die Einjährigen in Lücken in der Staudenrabatte oder betreiben Mischkultur im Gemüsegarten. Das sieht nicht nur schön aus, sondern wirkt auch gesundend. Besonders Tagetes und Ringelblumen sind der Bodengesundheit sehr zuträglich.

Sobald der Boden im Frühling offen ist, können Sie die robusteren der Einjährigen direkt im Freiland aussäen. Bei den empfindlicheren und anspruchsvolleren Sorten werden Aussaat und Anzucht im Frühbeetkasten oder im Gewächshaus, eventuell auch auf der gut belichteten Fensterbank vorgenommen. In besonders rauen, ungünstigen Lagen ist jedoch auch die Anzucht der Robusten unter Glas vorzuziehen, sonst müssen Sie zu lange auf die ersehnte Blüte warten. Einige Arten können Sie auch bereits im Herbst aussäen und überwintern. Säen Sie nach Sorten getrennt in kleine Saatkistchen und vereinzeln Sie frühzeitig, damit die Pflanzen kräftig werden. Die Jungpflanzen können dann bei günstigem Wetter ausgepflanzt werden. Wichtigste Pflegemaßnahme nach dem Pflanzen ist das Entspitzen, der Fachausdruck lautet: „Pinzieren". Knipsen Sie dazu die Triebspitze mit Finger und Daumen ab, damit die Pflanzen viele Seitensprosse mit Blütenknospen bilden.

Allgemeines

- Standort möglichst sonnig.
- Entspitzen der Jungpflanzen.
- Verblühtes und Samenansätze ständig entfernen.

Mäßige Düngung reicht aus • Wenn der Gartenboden gut mit Nährstoffen versorgt ist, genügen einige Gaben von Flüssigdünger nach dem Anwachsen. Mehr würde zu mastigem Wachstum und Blütenarmut führen. Nur im Kübel auf Terrasse oder Balkon oder bei sehr armen Böden wird wöchentlich mit einem Flüssigdünger für Blütenpflanzen gedüngt.

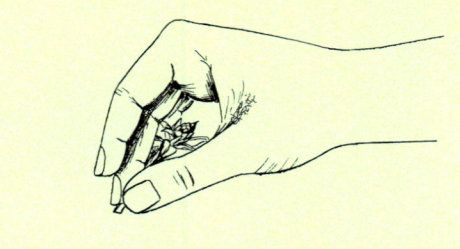

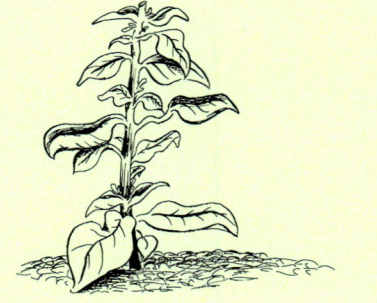

Das Entspitzen der jungen Pflanzen bringt viele Seitensprosse mit Blüten und sollte daher nicht vergessen werden.

Löwenmäulchen, *Antirrhinum majus* • Ein bunter Sommerstrauß ohne den dekorativen Rachenblütler Löwenmaul ist fast undenkbar. Die Blumen sind ausgesprochen lange haltbar und durch die hoch aufragende Wuchsform besonders interessant in Kombination mit rundlichen Blütenformen. Bis auf Blau ist die gesamte Farbpalette von Weiß über Creme und Gelb, Orange und Rosa bis hin zu einem schweren Dunkelrot vertreten. Die hübschen samtigen Rachenblüten erinnern tatsächlich an ein Tiermaul, aber an ein sehr liebliches. Ihre Kultur im Garten ist unkompliziert. Die Aussaat erfolgt im Frühjahr am besten im Gewächshaus in Saatkistchen oder im Frühbeet. Auch ein Versuch mit Herbstaussaat im Frühbeet kann lohnenswert sein. Das Überwintern der Jungpflanzen verfrüht die Blüte um mehrere Wochen. In günstigen Lagen und milden Wintern überwintern auch alte Pflanzen und blühen im nächsten Jahr ein zweites Mal. Auch eine Stecklingsvermehrung ist gut möglich. Im Handel werden Farbmischungen oder auch besondere Selektionen angeboten. Für den Schnitt sind jedoch nur die hohen Sorten interessant. Sie können aber auch selbst Samen von den Pflanzen

Säen Sie Ihre Lieblingsblumen •

Bei der Auswahl der Einjährigen verlassen Sie sich ganz auf Ihre Vorlieben. Vielleicht haben Sie besondere Favoriten – Lieblingsblumen, die für Sie einfach zum Sommer gehören. Oder Sie orientieren sich nach den Blütenfarben, die Sie besonders mögen.
Bezugsquellen für die empfohlenen Sorten finden Sie im Anhang. Die Ziffer in Klammer kennzeichnet die jeweilige Adresse.

TIPP

Einfach zu ziehen und damit besonders geeignet für Anfänger sind:
> Wucherblumen,
> Kornblumen,
> Mohn,
> Malven,
> Cosmea,
> Jungfer im Grünen und
> Ringelblumen.

Tagetes gibt es neben Gelb auch in vielen Orange- und Cremetönen.

ausreifen lassen, deren Farbe Ihnen besonders gut gefällt.

Auf dem Markt werden Jungpflanzen meist in Farbmischungen angeboten. Wenn Sie dunkelrote Löwenmäulchen lieben, achten Sie auf die Blattfarbe der Jungpflanzen. Die später dunkelrot blühenden Pflanzen sind bereits durch die burgunderrote Blattfarbe von den helleren zu unterscheiden.

Nach dem Auspflanzen der Jungpflanzen müssen Sie diese unbedingt entspitzen, damit die Pflanze sich verzweigt und Sie viele Blütenrispen schneiden können. Verblühtes ist immer wieder zu entfernen, denn Samenansatz geht zu Lasten der Blühfreudigkeit!

Und noch etwas Erfreuliches – den Schnecken scheinen die jungen Pflanzen des Löwenmäulchens nicht zu schmecken. Ich hatte noch nie Ausfälle durch Schneckenfraß. Ein nicht zu unterschätzender Vorteil!

TIPP

Löwenmäulchen sind Lichtkeimer. Samen deshalb nicht mit Erde bedecken, sondern unter Lichteinfluss keimen lassen.

Empfehlenswerte Sorten:

🌿 'Axion Series Mixed', 90 bis 110 cm hoch, Farbmischung mit starken Stielen (4).

🌿 'Royal Bride', 90 cm hoch, weiß (4).

🌿 'Rocket', F1, 90 cm hoch, als Farbmischung und in Einzelfarben (5).

🌿 'Double Madame Butterfly Mixed', F1, reizvoll gefüllte Blüten (4).

Studentenblume, *Tagetes* • Die üppig gekrausten Blütenbälle der Studentenblumen sind als Schnittblumen für Sommer- und Herbststräuße unverzichtbar, denn sie sind überaus dekorativ und haltbar in der Vase. Ich kann mir nur einen Grund vorstellen, aus dem man sie nicht anbaut, und das ist der kräftigwürzige Duft, der vom Blattwerk ausgeht und von manchen Menschen als unangenehm empfunden wird. Mittlerweile gibt es aber auch schwach duftende Sorten.

Zum Schnitt sind die hohen Sorten von *Tagetes erecta*, auch „African Typ" genannt, zu empfehlen. Neuerdings gibt es neben den bekannten Blütenfarben des Gelb-Orange-Spektrums auch Züchtungen in Cremeweiß. Diese Farbe erhöht die Kombinationsmöglichkeiten ungemein.

Zu den Liebhabern der Tagetes zählen leider auch die Schnecken. Es ist daher von Vorteil, die Sämlinge in kleine Töpfe zu vereinzeln und kräftig werden zu lassen. Da Tagetes keinen Frost vertragen, kommen sie erst nach den Eisheiligen ins Freiland.

Auch bei den Tagetes gilt, frühzeitiges Entspitzen bringt reiche „Schnittblumenernte". Wenn Sie auf dem Markt Pflanzen zum Schnitt kaufen wollen, vergewissern Sie sich, dass es sich um die hohen Sorten handelt. Meist werden nämlich die niedrigen Sorten von *Tagetes patula* angeboten, die zwar sehr hübsch sind, sich aber zum Schnitt weniger gut eignen. Auch von *Tagetes erecta* werden gedrungen wachsende Sorten angeboten.

Von den Studentenblumen können Sie sich auch sehr gut eigenes Saatgut sammeln. In einem einzigen Blütenkopf sind bereits Hunderte von Samen enthalten.

Empfehlenswerte Sorten von *T. erecta*:

- 'Gold Coins', F1, Mischung nelkenblütiger Riesenblumen, früh, 75 cm hoch
- 'Riesen Perfekta Mischung', bis 90 cm hoch (5).
- 'Goldn' Vanilla', Mischung, 50 bis 75 cm, die neben orangefarbenen und gelben, auch hellgelbe und vanillefarbene Blüten enthält (4).
- 'Sperling's Eskimo', cremeweiß 50 cm hoch und gut zum Schnitt (3).

C. coronarium 'Primrose Gem', eine neue Sorte, die sehr zu empfehlen ist.

! Einfach zu ziehen

Wucherblume, Sternblume, *Chrysanthemum segetum*, *C. carinatum* und *C. coronarium* •

(Nach der neuesten Nomenklatur ist *C. segetum* = *Xanthophthalmum segetum*, *C. carinatum* = *Ismelia carinata* und *C. coronarium* = *Xanthophthalmum coronarium*, in den aktuellen Samenkatalogen finden sich jedoch noch die „alten" Bezeichnungen.)

Wer den ganzen Sommer immer wieder dicke Sträuße schneiden will, darf auf die Wucherblumen nicht verzichten. Da sie unkompliziert und einfach in Aussaat und Anzucht sind, können sie direkt am endgültigen Standort ausgesät werden. Auch Anfänger können hier kaum etwas falsch machen. Wenn den Wucherblumen der Standort zusagt, samen sie sich gerne in jedem Jahr wieder aus. Wollen Sie die Aussaat allerdings nicht dem Zufall überlassen, soll-

ten Sie selbst Samen gewinnen. Suchen Sie die Pflanzen für die Samengewinnung aus, die Ihnen besonders gut gefallen. Im Handel gibt es viele verschiedene Sorten. Ich ziehe die pastellfarbenen den bunten rot-gelb-braunen Sorten vor, da sie in Kombination mit anderen Sommerblühern vielseitiger zu verwenden sind.

Empfehlenswerte Sorten:

- *C. carinatum* 'Coconut Ice', gefüllte Blüten in Pink, Zartgelb und Weiß (4), leider sind auch viele einfach blühende Pflanzen dabei.
- *C. coronarium* 'Primrose Gem', hellgelb, doppelte Blüte mit gelbem Auge (4), wunderschön, reich blühend und sehr zu empfehlen.
- *C. spectabile* 'Cecilia', weiß mit gelbem Ring in der Mitte (1).
- Von *C. segetum*, der Saat-Wucherblume aus Nordafrika, sind die einfachen gelben Blüten der Art am schönsten. In Dänemark habe ich Wildvorkommen im Getreide gesehen, wunderschön … Versuchen Sie es mit
  - *C. segetum* 'Prado' (5)
  - oder 'Stern des Orients' (5).

Kornblume, *Centaurea cyanus* • Kornblumen sind unentbehrlich für bunte sommerliche Sträuße. Im Handel werden meist Farbmischungen angeboten, die blaue, rosafarbene und weiße Blüten bringen. Da blaue Blüten aber auch im Sommer rar sind, sollten Sie blaue Selektionen vorziehen.

🌿 'Blauer Junge' (3), (5) ist eine solche Sorte.

Im Angebot des Fachhandels gibt es auch die echte wilde Kornblume. Wenn Sie ein Liebhaber bäuerlicher Sträuße aus Mohn, Margeriten und Kornblumen sind, sollten Sie die wilde Kornblume auswählen. Ihr klares Blau ist unübertroffen, richtig „kornblumenblau" eben (1), (3). Ziehen Sie Ihren eigenen Samen, dann können Sie im Folgejahr großzügig säen und sich an einem Meer von Kornblumen erfreuen. Kornblumen eignen sich auch für die Herbstaussaat, dann haben Sie im Frühsommer bereits blühende Pflanzen.

Zinnien, *Zinnia elegans, Z. angustifolia* • Schnittblumen der Extraklasse liefert Ihnen ein Beet mit Zinnien. Die eleganten Blüten sind dicht gefüllt wie Dahlien und ausgesprochen lange haltbar. Die Farbpalette reicht von Weiß über Gelb, Orange bis hin zu Rosa, Rot und Lila.

Die herrlichen dicken Blütenbälle wirken auch als Einzelblüten oder als Eyecatcher in der Mitte eines bunten Straußes. Zinnien sind wärmeliebend und benötigen einen vollsonnigen Standort und gut gedüngten Boden.

Wer besonders schöne Blüten auf starken Stielen haben will, muss die Seitentriebe ausbrechen.

Dicke Blütenbälle tragen die dahlienblütigen Sorten, zum Beispiel

🌿 'Golden State' (5) und

🌿 'Meteor' (5),

🌿 noch imposanter mit Blüten von 12 cm Durchmesser sind die Amerikanischen Riesen-Zinnien 'Tetra Riesen' (5),

🌿 ebenfalls großblumig ist die Sorte 'Kalifornische Riesen', die etwa 80 cm hoch wird.

🌿 Ungewöhnlich und auffällig in Limonengrün ist die Sorte 'Envy Double', die sich auch für Halbschatten eignet und in grün-weißen Sträußen zum Blickfang wird (4).

Eine hübsche kleinblumige Sorte ist *Zinnia angustifolia* 'Perserteppich', die mit

TIPP

Alle Blumen, die ihren Wildcharakter bewahrt haben, wie Kornblumen, Margeriten und Mohn, können gut im Herbst ausgesät werden. Schließlich ist das auch in der Natur der Aussaattermin. „Wildblumen säe ich, wenn auch der Liebe Gott sät", hat mir einmal eine alte Bäuerin gesagt. Wenn Sie die Hälfte des Saatguts im Herbst und die andere Hälfte im Frühling säen, haben Sie über einen besonders langen Zeitraum Freude an den Blüten.

TIPP

Für die Zinnien-Kultur beachten:
> Dunkelkeimer.
> Keimtemperatur mindestens 20 °C.
> Vorkultur direkt in Töpfe.
> Erst nach den Eisheiligen ins Freiland pflanzen.

ihren zweifarbigen Blüten in warmem Gelb-Orangebraun bezaubert. Etwa 40 cm hoch werdend, passt sie ausgezeichnet in natürliche Sträuße in Goldtönen.

Duft-Wicke, *Lathyrus odoratus* • Die duftenden Edelwicken – botanisch korrekt ist Duft-Wicke oder Duftende Platterbse – sind ein unverzichtbares Highlight des sommerlichen Schnittblumensortimentes. Die schmetterlingszarten Blütenflügel leuchten in allen Farben – weiße, zart rosafarbene, rote und pinkfarbene, lachsfarbene und zarte Blautöne sind ebenso vertreten wie dunkles Violett. Wicken brauchen etwas zum Klettern: Drahtgeflecht, Reiser oder ein elegantes Rankgitter.

Wie bei den anderen einjährigen Sommerblumen, verlängert das großzügige Schneiden für die Vase die Blütezeit ganz erheblich, denn es verhindert den Samenansatz. Wicken werden geschnitten, wenn zwei Drittel der Blüten geöffnet sind. Zu den besten großblumigen Züchtungen zählt 'Spencer Mischung', die von einem Verwandten Lady Dianas aus Liebhaberei entwickelt wurde (1). Allgemein bieten englische Kataloge die größte Auswahl an Duft-Wicken (4).

Die ausdauernde Schwester der Duft-Wicke, die Stauden-Wicke, *Latyhrus latifolius*, ist zwar in der Vase deutlich haltbarer, duftet aber überhaupt nicht (3).

! Einfach zu ziehen

Malven • Die bekanntesten Malven für den sommerlichen Garten sind die Trichtermalve, *Malope trifida*, und die Becher-Malve, *Lavatera trimestris*.

Beide eignen sich hervorragend zum Schnitt. Ihre zarten Trichterblüten geben jedem Strauß diese duftige Leichtigkeit, die wir in Sommersträußen lieben. Obwohl die Blüten so zart sind, ist die Haltbarkeit als Schnittblume sehr gut. Becher-Malven werden in Farbmischungen oder nach Farben sortiert angeboten.

- 'Mont Blanc' heißt die reinweiße Sorte,
- 'Silver Cup' ist zartrosa und die Sorte
- 'Ruby Regis' blüht pinkrosa.

Die wilde Moschus-Malve, *Malva moschata*, sät sich, einmal angesiedelt, gern selbst aus und sieht hübsch in natürlichen Sträußen aus. Neben der rosa blühenden Art gibt es auch eine züchterische Auslese in Weiß, *Malva moschata* 'Snow White'.

Garten-Levkojen, *Matthiola incana* • Wer duftende Sträuße mag, für den sind Levkojen unverzichtbar. In den Mischungen sind meist 70 bis 80 % gefüllt blühende Pflanzen enthalten. Die gefüllt Blühenden sind am helleren Blatt zu unterscheiden, die einfach Blühenden sind normalgrün und können bereits im Saatbeet ausgezogen werden.

- 🌿 'Allgefüllte Stangenlevkojen' haben nur einen Stängel, verzweigen sich nicht und sind als Schnittblume besonders geeignet.
- 🌿 Die Sorte 'Schnittgold' gibt es als Mischung oder in Einzelfarben (5).
- 🌿 Empfehlenswert ist auch 'Mammut Excelsior' (5).

Achtung! Levkojen sind Lichtkeimer, die Samen deshalb nicht bedecken!

! **Einfach zu ziehen**

Jungfer im Grünen, *Nigella damascena* • Die filigranen Blüten der Jungfer im Grünen geben ebenso wie die dekorativen Samenkapseln attraktive Schnittblumen ab. Im Handel sind meist Farbmischungen.

- 🌿 'Miss Jekyll' blüht indigoblau (1), (4), (5),
- 🌿 'Oxford Blue' dunkelblau (4). An Ort und Stelle aussäen!

! **Einfach zu ziehen**

Cosmea, Schmuckkörbchen, *Cosmos bipinnatus* • Bis spät in den Herbst hinein bildet Cosmea schöne zarte Blüten, die in der Vase lange haltbar sind. Auch das filigrane Laub ist ausgespro-

chen dekorativ. Es ist eine dankbare Schnittblume, auf die Sie nicht verzichten sollten. Cosmeen sind einfach zu ziehen. Zwar ist eine Vorkultur empfehlenswert, die Direktaussaat ab Mai ist aber auch möglich. Da sie Lichtkeimer sind, darf das Saatgut nicht abgedeckt werden.

Empfehlenswerte Sorten:

- 🌿 'Sperling's Daydream', 120 cm hoch, entzückendes Farbspiel von Weiß bis Rosa (3).
- 🌿 'Sperling's Rubin', 120 cm hoch, rubinrot (3).
- 🌿 'Unschuld', weiß, 90 cm hoch.
- 🌿 Außerdem zahlreiche Farbmischungen.
- 🌿 Die 'Sonata'-Serie wird nur 50 cm hoch. Sie ist für den Garten schön, für den Schnitt weniger geeignet.

! **Einfach zu ziehen**

Mohn, *Papaver rhoeas, P. commutatum, P. nudicaule, P. somniferum, P. paeoniflorum* • Roter Mohn – der Inbegriff des Sommers. Leicht und einfach zu ziehen, bringt er über einen langen Zeitraum Leben in das Sommerblumenbeet. Der wilde Klatsch-Mohn, *P. rhoeas*, passt gut in naturnahe Gärten und bringt eine Fülle von Blüten. Mohn wird am besten

Blütenfülle bis zum Herbst – Cosmeen.

direkt an Ort und Stelle ausgesät. Damit der wilde Klatsch-Mohn immer wiederkommt, braucht er offenen Boden. Gefüllt blühende Sorten werden im Handel als Seiden- oder Shirley-Mohn angeboten.

- 🌿 Eine traumhaft schöne Sorte ist 'Angels Choir' (4),
- 🌿 Pastelltöne bringt 'Cedric Morris' (4),
- 🌿 rot, rosa, pinkfarben und lachsorange zweifarbig gerandet sind die Blüten in der 'Picotee Mischung' (4).
- 🌿 Hübsch ist der leuchtend rote Mohn mit schwarz getupftem Blütenboden. Bezeichnenderweise heißt diese Sorte von *Papaver commutatum* 'Marienkäfer'.

Frühsommerliches Feuer – roter Mohn

Was wäre der Herbst ohne die geliebten Sonnenblumen?

Päonienblütiger Mohn hat dicke Blütenbälle, die an Päonienblüten erinnern.
Aus den Blumenarrangements flämi-
scher Maler könnte die Sorte

🌿 'Flemish Antique' (4) entsprungen
sein, so farbenprächtig sehen die
cremefarbenen, orangerot gespren-
kelten Blüten aus.

🌿 Ebenfalls ausgefallen ist die Sorte
'Applegreen' (4) mit dicht gefüllter
Blüte in Apfelgrün.

Die staudigen Mohnarten und -sorten
werden im Kapitel „Stauden" abgehandelt.

Sonnenblumen, *Helianthus annuus* •
Vom Sommer bis weit in den Herbst hinein erfreuen sie uns mit ihren auffälli-
gen Blütenscheiben. Wer möchte auf die
Sonnenblume als Schnittblume verzichten? Bei den neuen pollenarmen Sorten
gibt es keinen Ärger mehr mit ausgefal-
lenem Blütenstaub auf Möbeln und Klei-
dung und die Haltbarkeit ist auch deutlich verlängert. Sonnenblumen wollen
gut ernährt werden, brauchen also gut
gedüngten Boden.
Empfehlenswerte Sorten:

🌿 'Full Sun', F1, bis 20 cm große Blüte,
schwarzbraune Scheibe und goldgelbe Blütenblätter, pollenfrei (3).

🌿 'Funny Fantasie', F1, vielfältige Farbmischung von Gelb und Brauntönen,
bis 2 m hoch, pollenfrei (3).

🌿 'Schnittgold', die „klassische" Sonnenblume, schmaler goldgelber Blüten-
kranz und tiefschwarze Scheibe (5).

Interessant zum Schnitt sind die mehr-
stieligen, verzweigten Sorten, denn sie
liefern besonders viele Blumen für den
Strauß:

🌿 'Holiday', goldgelb mit dunkler Scheibe, zahlreiche unverzweigte Seiten-
stiele. Zum Schnitt Mittelknospe entfernen (5).

🌿 'Floristan', viele Seitentriebe für den
Schnitt, dunkle Scheibe, rotbraune
Blütenblätter mit gelber Spitze (5).

Sommerastern, *Callistephus chinensis* • Sommerastern sind weit verbreitete, bei Hobbygärtnern wegen ihrer Genügsamkeit beliebte Einjahresblumen und wichtige Schnittblumen für Sommer und Frühherbst. Zum Schnitt interessant sind nur die hohen Sorten:

- 'Bornella', Typ Prinzessaster, resistent gegen die häufig vorkommende Asternwelke, dunkelrosa mit gelber Mitte (1).
- 'Chrestia', standfeste Sorte, Röhrenblüten umgeben von einem Kranz Zungenblüten in Hellgelb, Hellrosa, Hellblau (1).

- 'Fan', halb gefüllte kleine Blüten mit gelber Mitte, alle Blüten erblühen fast gleichzeitig, sodass die ganze Pflanze als Strauß geschnitten werden kann.
- 'Pink Tower', attraktive gefüllte zweifarbige Blüten in Zartrosa-Tönen (4).

Schön sind auch die einfach blühenden Sorten, wie

- 'Stella Mischung' (2) oder
- 'Colorstar'.

Einfach zu ziehen

Ringelblume, *Calendula officinalis* • Die altbekannte Heilpflanze der Kloster- und Bauerngärten macht sich auch in

der Vase gut. Ich mag zwar die alten einfachen Sorten mit dem dunklen Auge sehr, gefüllte Züchtungen, besonders die Schnittsorten, sind aber zugegebenermaßen eindrucksvoller in der Wirkung und sehr viel länger haltbar.

Besonders empfehlenswert zum Schnitt sind die von unten auf starken Stielen gerade und unverzweigt hoch wachsenden, 60 cm hohen

- 'BALLS Long Orange' (1), (5) und
- 'BALLS Lemon Queen' (5),
- außerdem 'Pink Surprise' in Orange mit interessantem rosa Hauch (1), (4) und
- 'Kablouna Lemon Cream', eine sehr aparte Sorte mit kissenförmigem goldgelbem Zentrum und cremefarbenen Blütenblättern mit zitronengelbem Saum (4).

Rittersporn, *Delphinum ajacis* = *Consolida ajacis* • Rundliche Blütenformen sind häufig, wichtig sind daher Sommerblumen mit aufstrebenden Blütenformen, die die Horizontale betonen. Der einjährige Rittersporn ist eine Zuchtform des Acker-Rittersporns und liefert zudem noch die begehrte blaue Farbe. Sinnvoll ist daher die Aussaat in Farben. Gefüllt blühender Exquisit-Rittersporn verzweigt

Die Asternsorte 'Fan' kann als Ganzes geschnitten werden. Außer der abgebildeten Farbe werden auch weiße, rosafarbene und rote Varietäten angeboten.

Die einfachen Blüten von Calendula officinalis sind zwar sehr schön, haltbarer sind die gefüllten Sorten.

Rittersporn liefert die gestalterisch wertvollen Blautöne, die im Pflanzenreich relativ selten sind.

sich von unten und bringt lange Blüten-
trauben auf kräftigen Stielen.

Für eine frühe Blüte wird die Herbstaussaat empfohlen, sonst Aussaat März
oder April. Es kann direkt an Ort und
Stelle ausgesät werden.

Wichtige Sorten:

🌿 'Blaue Glocke', hellblau (5).

🌿 'Blaue Pyramide', dunkelblau (5).

🌿 'Weißer König', weiß (5).

Farbmischungen enthalten auch Rosa-
töne, die für Ton-in-Ton-Sträuße interessant sind.

Bunte Sommerblumenmischun-
gen als Alternative •

Als Alterna-
tive zu der nach Sorten getrennten Aussaat und Anzucht bieten sich Sommer-
blumenmischungen an. Im Handel werden regelrechte Schnittblumenmischun-
gen angeboten, ebenso Saatbänder.
Diese bunten Mischungen bieten ein
breites Spektrum an verschiedenen
Arten und in unterschiedlichen Wuchs-
höhen. Wenn Sie sehr bunte Sträuße und
Überraschungen mögen, haben Sie hier
eine schöne und vielseitige Auswahl.
Auch farblich sortiert in Weiß, Rot, Rosa,
Blau und Gelb werden Mischungen
angeboten. Wenn Sie Sträuße Ton in Ton

lieben und nur wenig Platz zur Anzucht
haben, ist das eine gute Lösung. Achten
Sie beim Kauf des Saatguts darauf, dass
die Mischung als zum Schnitt geeignet
angeboten wird. Zweckmäßigerweise
wird direkt ins Freiland auf die vorgese-
hene Fläche gesät. Zu dicht stehende
Pflanzen müssen sorgfältig ausgedünnt
werden. Auch hier empfiehlt sich das
Entspitzen der Jungpflanzen. Der „Flä-
chenertrag" ist jedoch bei der nach Sorten getrennten Anbaumethode deutlich
höher.

Gezähmtes Feuer

Kühles Blau und dynamisches Orangerot – dieses Duo ist spannungsgeladen. Im Farbkreis als Komplementärfarben gegenüberstehend, ergeben blaue und orangefarbene Blüten zusammen auch in der Vase eine ausgefallene, aber anregende Komposition. Im Frühsommer und Sommer sind beide Farben reichlich vertreten und so lassen sich vielfältige Kombinationsmöglichkeiten finden: Kornblumen und Lilien, Afrikanische Schmucklilien und Montbretien, Salbei und Kapuzinerkresse, Rittersporn und Zinnien.

Lilienfeuer, gekühlt von blauen Kornblumen ...

Das Gesteck aus Rittersporn und Hortensien enthält ein feuriges Herz aus orangefarbenen Zinnien.

Zeit der Georginen

Dann, wenn der Sommer den Zenit überschritten hat, kommt die Zeit der Dahlien. Meine Großmutter sprach immer von „Georginen". Dieser Name hat mich als Kind fasziniert.

Von den zahlreichen Sorten und Farbvarietäten, ob nun Kaktus-Dahlien, Pompon-Dahlien oder Schmuck-Dahlien, gefallen mir die roten am Besten. Vielleicht verkörpern gerade sie das Dralle, Sinnliche der Blumen im besonderen Maße.

Dahlien sind nicht winterhart. Die Knollen müssen vor den ersten Frösten aus dem Boden genommen und frostfrei und trocken überwintert werden. Wem diese Mühe zu groß ist, der kann sie auch als einjährige Sommerblume säen, allerdings ist die Sortenauswahl hier geringer.

!

Attraktive Alternative zum üppigen Strauß: Einzelblüten in einer Schale.

Prunkende Dahlien in einem lockeren Strauß zusammen mit sonnengelben Ringelblumen.

Der Herbst liebt es verschwenderisch

ü

Überquellende herbstliche Fülle verlockt zu immer neuen Stillleben. Genießen Sie die üppige Pracht der Blüten und Früchte ...

Spätes Gold

Die dicken Blütenbälle der Tagetes in ihrem warmen Gelbgold sind die Starbesetzung auf der herbstlichen Bühne. Rote Beeren und rostbraunes Laub harmonieren perfekt und geben herbstlichen Charme.

Herr, es ist Zeit.
Der Sommer war sehr groß ...

Rainer Maria Rilke, Herbsttag

Cosmeen in herbstlicher Begleitung

Cosmea blüht den ganzen Sommer über unermüdlich und sorgt auch im Herbst noch für ungezählte Vasenfüllungen. Schneiden Sie also eifrig, bevor der erste Nachtfrost der Blütenpracht ein Ende setzt. Die Kombination mit herbstlich gefärbtem Laub bekommt den zarten Blüten erstaunlich gut und bringt ihr Rot zum Glühen. Löwenmäulchen und Herbstastern im flammenden Magentarot verstärken diese Wirkung.

Lavendelblaue und weinrote Herbstastern zusammen mit den letzten Cosmeen und einigen Spritzern Gelb von Färber-Hundskamille und Ringelblume.

Beeren und Laub für herbstlichen Charme

Lackrote Hagebutten, duftende Zierquitten, burgunderrote Brombeeren, leuchtend gefärbte Blätter, Ähren, Adlerfarn und Hopfenranken – der Herbst hält eine Fülle von überaus dekorativem Beiwerk bereit, das Sträußen und Gestecken den unvergleichlichen herbstlichen Charme verleiht.

Was nicht im eigenen Garten wächst, wird auf einem herbstlichen Spaziergang gesammelt und verwandelt sich im Verein mit Blüten im Handumdrehen zu einem stimmungsvollen Strauß, der zudem wenig oder gar nichts kostet.

Hagebutten, *Rosa* • Viele Rosen, vor allem die Wildrosen und einmal blühenden, schmücken sich im Herbst mit leuchtenden Hagebutten. *Rosa rugosa*, die Kartoffel-Rose, liefert die dicksten Hagebutten, aus denen sich sogar Marmelade herstellen lässt. Mit hübschen kleinen korallenroten Hagebutten erfreuen die Multiflora-Rosen und viele der so genannten Rambler-Rosen, als Ausgleich dafür, dass sie nur einmal im Jahr blühen.

Auch die Drosseln finden die leuchtenden Früchte der Rose appetitlich und so muss man ihnen zuvorkommen, wenn man die Hagebutten zur Dekoration verwenden will.

Zierquitten, *Chaenomeles japonica* oder *C. speciosa* • Die Früchte sind essbar und duften köstlich aromatisch. Falls notwendig, werden die Früchte auf Steckdraht angedraht und können so besser in die Arrangements eingefügt werden.

Brombeeren, *Rubus fruticosus* • Wenn Ihnen die Brombeeren im Garten zu kostbar für die Vase sind, sollten Sie auf dem Spaziergang in den Hecken Ausschau halten.

Selbst im Spätherbst lassen sich noch Äste mit unreifen Früchten finden, die besonders lange haltbar sind. Auch das Laub der Brombeeren ist oft wunderschön rubinrot gefärbt und lässt sich gut in Herbststräußen verwenden.

Schlehdorn, *Prunus spinosa* • Er trägt dekorative blau bereifte Früchte, die manchmal so dicht wie Trauben an den Ästen sitzen.

Feuerdorn, *Pyracantha* • Dieser Strauch schmückt sich mit schönen, je nach Sorte rot oder orange gefärbten Früchten, die sich in der Binderei gut einsetzen lassen.

Es sind aber auch andere fruchttragende Sträucher, wie *Sorbus*-Arten, *Crataegus* und *Cotoneaster* gut verwendbar.

Herbstlaub • Buche, Eiche oder Ahorn, verwenden Sie, was Ihnen gefällt. Das Laub kann durch eine Behandlung mit Glyzerin haltbar gemacht werden. Allerdings darf es für diese Behandlung noch nicht zu trocken sein, der Saft muss noch aufsteigen.

Aber auch ohne diese Vorbehandlung sieht herbstliches Laub attraktiv aus, es trocknet allerdings ein wenig ein.

TIPP

Zum Haltbarmachen der Blätter Glyzerinlösung (2 Teile heißes Wasser, 1 Teil Glyzerin) herstellen und in ein schmales Gefäß geben, Stiele frisch anschneiden und einstellen. Die Blätter müssen zwei bis drei Wochen die Lösung aufsaugen. Wenn notwendig, Lösung auffüllen.

Beeren sind eine schöne Ergänzung zu herbstlichen Rosen.

Die herrliche Herbstfärbung des **Wilden Weins,** *Parthenocissus quinquefolia* und *P. tricuspidata*, eröffnet vielseitige Dekorationsmöglichkeiten.

Das Laub von *Prunus cerasifera* 'Nigra', der rotblättrigen **Kirschpflaume,** ist mir im Sommer zu dunkel, jetzt im Herbst harmoniert es wunderbar mit herbstlichen Früchten und Blüten.

Hopfen, *Humulus lupulus* • Der gewöhnliche Bierhopfen und der als Zierpflanze gezogene Japanische Hopfen, *H. japonicus*, setzen mit ihren Früchten und Ranken ausgesprochen interessante Akzente in herbstlichen Sträußen. *H. lupulus* – nur die weiblichen Pflanzen tragen Früchte – wächst problemlos in ausreichend feuchten, nährstoffreichen Gartenböden. Ranken von Hopfen werden im Herbst im Fachhandel häufig angeboten.

Farn • Besonders der Adlerfarn, *Pteridium aquilinum*, liefert schönes herbstliches Beiwerk, das sich vielseitig einsetzen lässt.

Gräser, Ähren, Fruchtstände von Mohn, Sonnenblumen und Nigella eignen sich bestens zum Füllen der Herbststräuße.

Symphonie in Rostrot

Solche und ähnliche Sträuße lassen sich in ungezählten Varianten immer wieder neu zusammenstellen. Die warmen rostbraunen Töne von Chrysanthemen und Hagebutten sind unterlegt vom Gelbgrün des bereits herbstlich gefärbten Adlerfarns und harmonieren perfekt mit der Vase aus Terrakotta.

Fröhliche Farbreflexe setzen ein paar einzelne leuchtend gelbe Blüten der Ringelblume im Mittelpunkt des Straußes.

*Stillleben nach Art der
Alten Meister ...*

Großmutters Winterastern

Garten-Chrysanthemen, *Chrysanthemum × grandiflorum*, sind traditionelle Blumen des Winters. Unsere Großmütter zogen in ihren Gärten viele schöne Sorten – weiß, gelb, rotbraun und rosa, dick gefüllt und einfach blühend. Bereits im Herbst entfachen sie ihr Leuchtfeuer. Viele dieser Sorten sind nicht mehr im Handel, aber vielleicht findet sich die eine oder andere noch in den Bauerngärten. Vor den ersten Frösten im Herbst wurden sie ausgegraben und in einem großen Topf oder Eimer frostfrei und hell aufgestellt. Den ganzen Winter über versorgten sie den Haushalt mit frischen Blumen. Heute bieten die Blumenläden auch mitten im Winter die exotischsten Blüten aus aller Welt – aber was spricht dagegen, einen Versuch mit Großmutters Winterblume zu wagen. Im Wintergarten oder in einem hellen Treppenhaus hat auch eine ausladende Pflanze Platz und liefert Material für viele Sträuße. Im Frühling wird sie zurückgeschnitten und nach den Eisheiligen zieht sie wieder in den Garten um.

Zu Unrecht aus der Mode gekommen – Winterastern.

Rosen im Herbst

Noch immer blühen sie unermüdlich, die Rosen.
Da es Herbst ist, kommen sie in Begleitung von
Früchten – lackroten Hagebutten von *Rosa canina*,
der Hunds-Rose, und blau bereiften Beeren des
Schlehdorns.

W

Wer hat dieser letzten Rose
Ihren letzten Duft verliehn ...

Georg von der Vring, Die letzte Rose

Weihnachtsblumen: stilvoll und festlich ...

G

Glanzvoll oder schlicht – die Arrangements für die festliche Zeit des Jahres sollen stimmungsvoll sein ...

Wintergrün und Weihnachtsrot

Weihnachtliche Trendfarben kommen und gehen – Rot und Grün sind klassisch schön, ohne überladen und protzig zu wirken.

Festliche Sträuße in dieser Art sind schnell zusammengestellt. Üppiges Grün von Mahonie, Kiefer, Nordmann-Tanne, Lebensbaum und Efeuranken dienen als Kulisse für die samtroten Amaryllisblüten. Die kleinen korallenroten Hagebutten einer Multiflora-Rose sind eine schöne farbliche Ergänzung.

Golddisteln und Rosen setzen in dem Strauß aus Immergrün Akzente.

Seide und Samt

Die Schönheit einer einzelnen Amaryllisblüte ist beeindruckend, die Wirkung vieler Blüten zusammen ist atemberaubend. Füllen Sie eine schöne Schale mit feuchtem Steckschaum und arrangieren Sie darin kurz geschnittene Amaryllisblüten, die noch in der Knospe sind. Die Lücken zwischen den Blüten schließen Sie mit Efeu und beerenbesetzten Ilexzweigen. Am nächsten Tag bereits werden die ersten Knospen aufbrechen und mit jedem Tag wird sich die Schönheit der Blüten steigern ...

Geballte Schönheit.

Immergrüne

Zu allen Jahreszeiten liefern die immergrünen Gehölze attraktives Laub für Sträuße, Gestecke und Kränze. Da sie sich in jede Gartengestaltung harmonisch einfügen und eine willkommene Bereicherung darstellen, dürfte es kein Problem sein, ihnen im Garten einen Platz zu verschaffen.

Mahonie, *Mahonia aquifolium* •

Die Zweige der Mahonie mit ihren dunkelgrün glänzenden, ledrigen Blättern sind ein ausgesprochen vielseitig einsetzbares Basisgrün. *Mahonia aquifolium* ist als Ziergehölz in vielen Gärten anzutreffen. Einmal angesiedelt, ist der Strauch absolut anspruchslos, bildet kräftige Büsche und nimmt es keineswegs übel, wenn zur Weihnachtszeit reichlich Schmuckgrün geschnitten wird. Die buschigen Triebe füllen sehr schön – ein nicht zu unterschätzender Vorteil in opulenten Sträußen. Für kleinere Gestecke und in Schalen lassen sich auch einzelne Blätter verwenden.

Vor dem sanftgrünen Hintergrund von Mahonie, Efeu und verschiedenen Koniferenzweigen setzt das leuchtende Orange der Physalisfrüchte und getrockneten Orangenscheiben Akzente.

Ilex, Stechpalme oder Hülse, *Ilex aquifolium* •

Die immergrüne Stechpalme mit lederartigen, dornig gezähnten Blättern und dekorativen roten Kugelfrüchten, je nach Sprachraum auch Hülse genannt, wächst wild in den feuchten Laubwäldern Westeuropas. Ilexzweige sind in England und Nordamerika das traditionelle weihnachtliche Symbol, gehören aber auch bei uns zum klassischen Weihnachtsschmuckgrün und werden in der Vorweihnachtszeit auch auf den Märkten bündelweise angeboten. Besonders frosthart und für raue Lagen zu empfehlen ist 'Blue Princess', eine

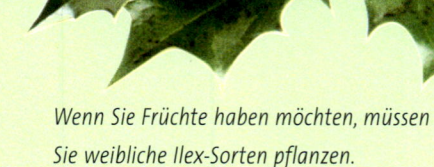

Wenn Sie Früchte haben möchten, müssen Sie weibliche Ilex-Sorten pflanzen.

weibliche Sorte. Eine sehr attraktive Sorte ist *I. aquifolium* 'Madame Briot', deren dunkelgrüne Blätter breit cremeweiß gerandet sind. Besonders zu weißen Blüten ist sie eine entzückende Ergänzung, aber auch gemischt mit anderen Immergrünen ein Blickfang.

Buchsbaum, *Buxus sempervirens* • Frühlingssträuße oder weihnachtliche Gebinde – was wären sie ohne dieses Grün mit den kleinen glänzenden Blättern? Buchs ist ein vielfältig einzusetzendes immergrünes Gehölz. Allerdings riecht er, wenn er im Wasser steht. Empfindliche Nasen verwenden ihn daher nur in trockenen Gebinden oder setzen dem Vasenwasser ein spezielles Frischhaltemittel für Zierzweige zu. Dies verhindert zuverlässig den unangenehmen Geruch und verlängert außerdem die Haltbarkeit deutlich.

Lorbeerkirsche, *Prunus laurocerasus* • Sie wird oft auch als Kirschlorbeer bezeichnet und ist ein anspruchsloser, wintergrüner Strauch, der gutes Schnittgrün für alle Jahreszeiten liefert. Verschiedene Sorten mit unterschiedlichen Blattformen sind im Handel. Schmale, lorbeerähnliche Blätter hat *P. laurocerasus* 'Otto Lyken'.

Mediterranes Grün • Besonders reizvoll sind die Silbertöne des Laubes und der aromatische Duft verschiedener Gehölze, Sträucher und Halbsträucher, deren Lebensraum die Macchie des Mittelmeerraumes ist. Zistrosen, Oliven

Das Laub mediterraner Gehölze trägt den würzigen Wohlgeruch der Macchie in nördliche Städte.

und Rosmarin wachsen in unseren Breiten nur im Kübel. Wenn Sie allerdings in besonders begünstigtem Klima gärtnern, sollten Sie diese Pflanzen in Ihre Planung einbeziehen. Die Silberlaubpalette passt wunderschön zu weißen und rosafarbenen Blüten und geht auch mit Zitronen oder Orangen eine perfekte Verbindung ein. Uns klimatisch weniger Gesegneten wird aber der Florist die Sehnsucht nach mediterranem Duft stillen können. Mittlerweile gibt es vor allem im Herbst und Winter ein breites Angebot.
Schönes Wintergrün liefern **Lebensbaum** und **Nordmann-Tanne**. Edel wirken Kiefernzweige, besonders die bizarren Äste der Gemeinen **Kiefer**. Mit **Ginster** und **Wacholder** lassen sich interessante Effekte erzielen.

Buchs ist vielseitig verwendbar, ein spezielles Frischhaltemittel verlängert die Haltbarkeit von Immergrünen und verhindert unangenehmen Geruch. Wird Steckschaum eingesetzt, kann dieser mit der Lösung getränkt werden.

Winterstimmung

In der Zeit der langen Nächte ist die Sehnsucht nach Licht groß. Doch nach der Wintersonnenwende werden die Tage mit zunehmender Kraft wieder länger. Schnee und Frost bringen das kristallklare Licht, nach dem wir uns so gesehnt haben. Die Farben der Natur beschränken sich auf das Weiß von Schnee und Eis, das dunkle Braunschwarz der Bäume in Winterruhe, gebrochen vom kräftigen Grün der Immergrünen und dem matten Grün von Moosen und Flechten.

Diese Winterfarben können wir leicht nachempfinden: Wurzeln, Rinde und kahle Zweige für die dunklen Farben, die Grüntöne der Winterpalette kommen mit Moos und Efeu und das winterlich unberührte Weiß bringen die schönsten Winterblüten.

Winterweiß bringt Glanz und Licht • Die schönsten Winterblüten sind weiß – Amaryllis und Christrosen, Lilien und Rosen. Schwelgen Sie in weißen Blüten, sie sind der Gruß des Sommerlichts an grauen Wintertagen ...

Weiße Lilien sind edle Festtagsblumen und ergeben zusammen mit den glänzenden Efeublättern in der Silbervase ein eindrucksvolles Arrangement.

Schnee, der auf Rosen fällt ...

Silberglanz und weiße Blüten – so schön wie
Schnee im Licht des Mondes.
Wie zarte Schneeflocken wirken die duftigen
Wolken des Schleierkrauts über der dunklen Kiefer.
Den festlichen Glanz erhält das Arrangement in
der Silbervase durch die Christrosenblüten.
Geben Sie den Christrosen ein separates Glas für
die Wasserversorgung, das verlängert ihre Lebens-
dauer erheblich.

*Schneeflockenwolken aus
Schleierkraut über dunkler Kiefer.*

*Schneeweiße Rosen, kurz geschnitten
und in feuchtem Steckschaum, geadelt durch die
schlichte Silberschale.*

Kostbare Schöne

Wer nicht das Glück hat, dass die edlen „Winterrosen" im eigenen Garten willig wachsen, aber dennoch einen dicken Strauß von *Helleborus niger* haben möchte, wird staunen: die Winterschöne ist kostbar und teuer. Aber die makellos weißen Blüten sind die Ausgabe wert.

Wenn die Schöne in Ihrem Garten in üppigen gesunden Beständen blüht, sollten Sie sich glücklich schätzen. Sie hüten einen Schatz ...

Ein wenig heikel ist sie schon, die liebliche Tochter des Winters. Am besten gedeiht sie in kalkhaltigen, lehmig humosen Böden.

Kurz geschnitten halten die Christrosen besonders lange. Einige Murmeln auf dem Grund des Gefäßes verbessern den Stand der Stiele.

Aus Morgenduft gewebt und Sonnenklarheit ...

Johann Wolfgang von Goethe,
Zuneigung

Drei Christrosenblüten in einer kleinen Teeschale, ein winter-kahler Zweig – puristisch.

Bindetechnik für „floristische Einsteiger"

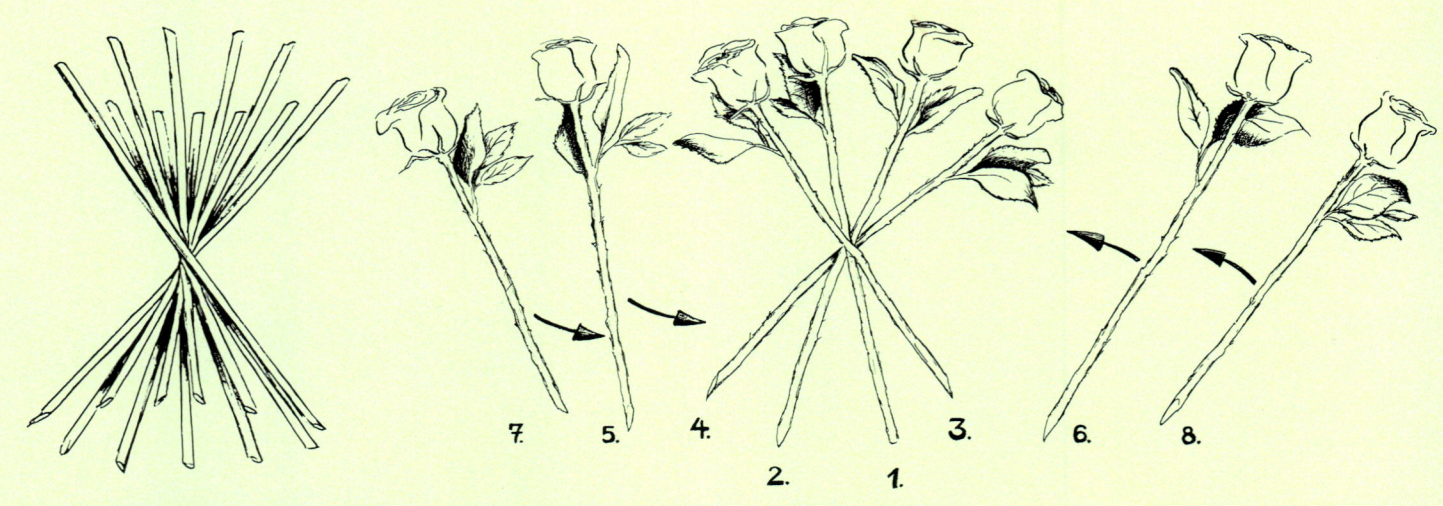

Schematische Darstellung des Bindens in Garbentechnik.

Der Rhythmus heißt: „Links oben und rechts unten".

STRAUSS IN GARBENTECHNIK

Gebundene Sträuße stehen perfekt in der Vase. Auch zum Verschenken ist ein gebundener Strauß einfach schöner. Was beim Floristen allerdings so elegant wirkt, ist nicht ganz so einfach, wie es aussieht. Sehen Sie sich die Technik bei den Profis einmal bewusst an und üben Sie dann mit ein paar trockenen Stielen, Ähren oder Ähnlichem. Wenn Sie die Technik beherrschen, können Sie sogar direkt beim Schneiden der Blumen im Garten den Strauß binden.

Links oben & rechts unten heißt der Rhythmus •

- Mit zwei Blumen beginnen, diese schräg übereinander, zwischen Daumen und Mittelfinger/Zeigefinger der linken Hand legen.
- Erste Blume **links oben**.
- Zweite Blume **rechts unten**.
- Dritte Blume wieder **links oben** spiralförmig in Gegenrichtung einfügen.
- Vierte Blüte **rechts unten**.
- Blütenstiel an Blütenstiel weiter spiralförmig arbeiten, **abwechselnd links oben, rechts unten**.

- Unter Zuhilfenahme der rechten Hand den Strauß dabei mehrfach um 180 Grad drehen.
- Darauf achten, dass die Blüten gleichmäßig verteilt sind.
- Durch Verlegen des Kreuzungspunktes der Stiele – die andere Hand muss dabei assistieren – fallen die Blüten lockerer oder dichter.
- Blätter und/oder Schmuckgrün zuletzt anlegen.
- Wenn der Strauß fertig ist, kontrollieren, ob Blüten gleichmäßig verteilt sind. Korrekturen jetzt vornehmen.

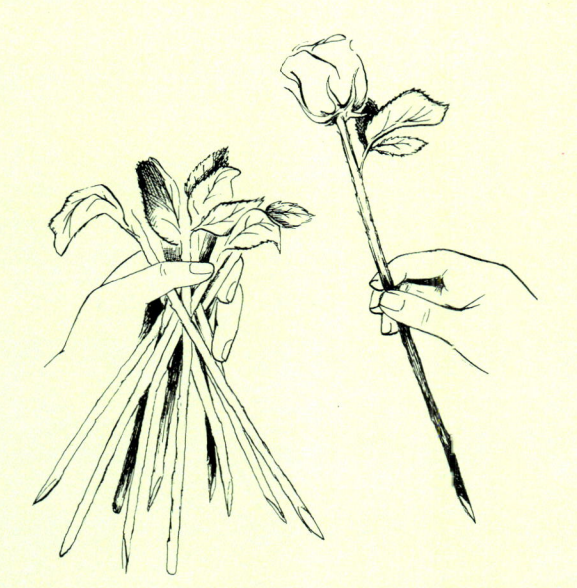

So sollte der Strauß in der
Hand liegen.

Während des Bindens wird
der Strauß gedreht.

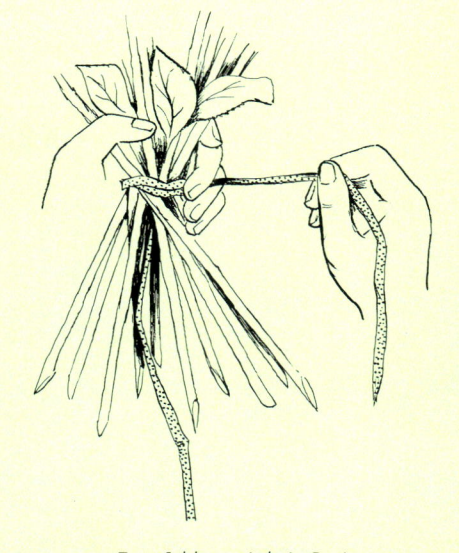

Zum Schluss wird ein Bastfaden herumgebunden.

🌿 Bastfaden von unten in den Strauß
einführen, dabei ein ca. 15 cm langes
Stück stehen lassen.

🌿 Strauß mehrere Male am Kreuzungs-
punkt der Stiele mit dem Bastfaden
umwickeln, dabei nicht zu fest anzie-
hen, um die Stiele nicht zu schädigen.

🌿 Mit dem überstehenden Fadenteil
kreuzen und zusammenbinden.

🌿 Stiele auf gleichmäßige Länge kürzen.

🌿 Wurden die Blumen transportiert,
vor dem Einstellen in die Vase neu
anschneiden.

*Gebundene Sträuße brauchen eine bauchige
Vase, die den Stielen genug Platz lässt.*

Arrangieren leicht gemacht

Auf Abstand halten

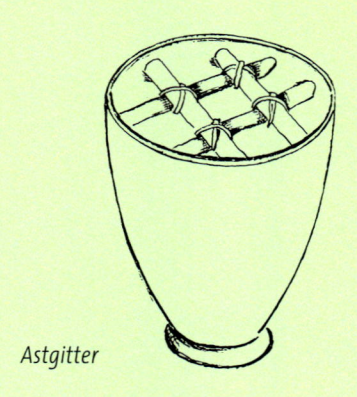

Astgitter

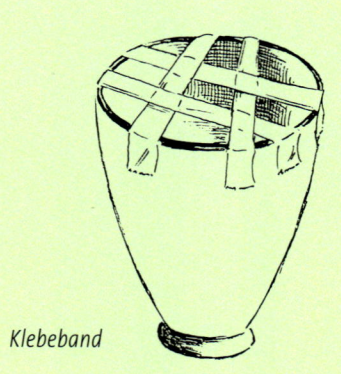

Klebeband

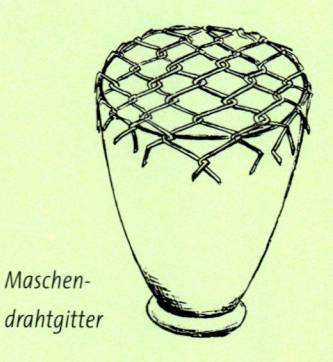

Maschen-
drahtgitter

Blumensträuße, die nur von drei Seiten betrachtet werden, sind besonders einfach zu arrangieren. Damit die Blumen im Gefäß optimal zur Geltung kommen und locker fallen, müssen sie „auf Abstand" gehalten werden.

„Natürlich gerüstet" • Oft genügt es, verzweigte Stiele oder Zweige zu Beginn so ineinander zu stecken, dass die übrigen Stiele ein Gerüst haben, um locker zu fallen. Schwere Zweige werden kreuzweise zusammengebunden.

„Vergittert" • Die Vasenöffnung kann durch ein Gitter unterteilt werden, das aus Klebeband, einigen zusammengebundenen Aststücken oder einem Stück Maschendraht hergestellt wird.

„Verknäult" • Ein Stück Maschendraht wird zu einem lockeren Knäuel gedrückt, in dem die Stiele Halt und Stütze finden.

„Fixiert" • Einzelne Äste, die in der Position gehalten werden sollen, können mit einem kleinen Aststück, das passend zugeschnitten und in die Öffnung geklemmt wird, fixiert werden.

Zweige kreuzweise zusammenbinden.

„Bodensatz" • Kleine Kiesel, Murmeln oder farbige Glasnuggets am Boden der Vase geben den Stielen den nötigen Stand. Das kann auch gestalterisch interessant sein.

„Aufgespießt" • Auch ein Steckigel, Kenzan, hält Stiele in Position. Schwere Stiele bekommen das nötige Gewicht durch einen zweiten, der umgedreht aufgelegt wird.

„Hilfs-Schaum" • Praktische Hilfe in „hoffnungslosen Fällen" ist der grüne Steckschaum. Die Blütenstiele bleiben so perfekt in Position.

Arbeits- und Hilfsmittel

Maschendraht zum Knäuel drücken

Nasser Steck-schaum ist praktisch für Gestecke in flachen Gefäßen oder großen und aufwendigen Arrangements.

Blumenfrischhaltemittel • verlängert Haltbarkeit der Blumen oft um mehrere Tage, fördert das Aufblühen von Knospen, auch zum Vortreiben von Blütenzweigen im Winter geeignet. Gute Erfahrungen in Praxistests mit Chrysal clear.

Maschendraht, Hasendraht, Kaninchendraht • gutes Hilfsmittel zum Fixieren von Stielen. Knäuel formen oder über Vasenöffnung spannen. Auch zum Stabilisieren von Steckschaum.

Messer • scharfes Küchenmesser genügt.

Schaschlikspieße • zum Anstielen von Früchten oder Verlängern kurzer Blumenstiele.

Schere • gute Gartenschere zum Schneiden von holzigen Stielen, weiche Stiele besser mit dem Messer schneiden.

Steckdraht, Nelkendraht • zum Stabilisieren einzelner Blüten und Verlängern von Blumenstielen.

Steckhilfen • Steckschaum, Maschendrahtknäuel, Gitter aus Klebeband, Astgitter, Kiesel, Murmeln.

Steckschaum • grüne Variante für Frischblumen, ziegelförmig in verschiedenen Größen erhältlich, kann durch Zuschneiden angepasst werden, auch in Kranz- oder Herzform angeboten, praktisch für flache Gefäße und ungewöhnliche Arrangementformen. Steckschaum vor der Verarbeitung in ausreichend großem Gefäß mit Wasser voll saugen lassen, nicht unter Wasser drücken.

Vasen und Gefäße

Farbige Gläser für kleine Sträuße.

Das Gefäß, in dem Blumen arrangiert werden, ist von ganz entscheidender Bedeutung für die Gesamtwirkung. Je nach persönlichem Geschmack und Einrichtungsstil werden Sie besondere Vorlieben haben. Auch die Art der zu ordnenden Blüten und nicht zuletzt die Jahreszeit spielen eine Rolle für die Auswahl der Vase. Ich glaube nicht, dass jeder eine Auswahl braucht wie Marianne Beuchert, die mindestens 30 bis 50 verschiedene Vasen für erforderlich hält, aber fünf bis zehn Vasen verschiedener Größen, Formen und Farben sollten es schon sein.

Lichtspiele mit Glas • Glas ist ein interessantes und vielseitiges Material und passt sich jedem Einrichtungsstil an. Auch ohne Blumen ziehen farbige Vasen und Gläser die Blicke auf sich, besonders wenn das Licht hindurchscheinen kann. Stöbern Sie ein wenig auf Flohmärkten und in Antiquitätenläden. Bestimmt werden Sie fündig. Zum Charakter des Glases passen vor allem zarte Frühlingsblumen und duftige Sommersträuße. Einige meiner Lieblingsvasen sind aus grünem Glas. Grün ist geradezu ideal für eine Vielzahl von Blumen, denn es ordnet sich der Farbigkeit der Blüten unter und harmoniert mit ihr, hat aber trotzdem so viel Gegengewicht, um einen würdigen Partner für den Strauß abzugeben.

Dekoratives aus dem Küchenschrank • Beinahe unerschöpflicher Fundus für Gefäße, in denen sich Blumen auf dekorative Weise anordnen lassen, ist der Geschirrschrank. Terrinen und Saucieren, Becher, Schalen und Kannen – für alles findet sich Verwendung. Sagen Sie nicht nein, wenn Großmutter oder Tante Ihnen Geschirr vererben wollen. Meist sind wunderbare Stücke darunter, die sich hervorragend einsetzen lassen. Porzellan oder Steingut in Weiß ist besonders vielfältig zu gebrauchen.

Der Geschirrschrank bietet dekorative Gefäße für Sträuße und Gestecke.

Irdenes erdenschwer • Alte Krüge und Vorratsgefäße, wie Schmalz- und Gurkentöpfe aus Steingut, rustikale Vasen aus Terrakotta – diese Art von Gefäßen bringt die notwendige Erdenschwere mit, um üppigen Feldblumensträußen und ausdrucksvollen herbstlichen Arrangements das erforderliche Gewicht entgegenzusetzen. Manche Töpfe sind zu weit oder zu tief, sodass die Blumen darin auseinander fallen. Hier hilft ein eingestelltes und mit Wasser gefülltes „Weck-Glas". Auch wenn alte Gefäße nicht mehr wasserdicht sind, schafft ein Glas oder ein passendes Plastikgefäß als Innenleben Abhilfe und verhindert Wasserflecken auf dem Tisch.

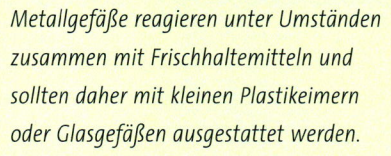

Metallgefäße reagieren unter Umständen zusammen mit Frischhaltemitteln und sollten daher mit kleinen Plastikeimern oder Glasgefäßen ausgestattet werden.

Modernes in bunter Keramik • Das Angebot an Vasen aus Keramik, die zum modernen Einrichtungsstil passen, ist vielfältig. Hier können Sie sich an den Farben orientieren, die in der Wohnung vorherrschen. Natürlich müssen auch die Farben der Blumen, die Sie in dieser Vase arrangieren, gut mit der Vasenfarbe abgestimmt sein. Starke Kontraste sind nicht jedermanns Geschmack, können aber durchaus interessant und spannungsvoll sein. Vasen in neutraler Farbe sind natürlich vielseitiger einzusetzen.

Alles ist erlaubt – Gefäße zweckentfremdet • Besonders im Sommer und Herbst ist alles, was wir an Vasen im Schrank haben, zu klein, um unsere floristischen Ideen zu fassen.

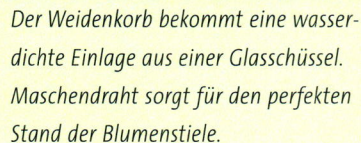

Der Weidenkorb bekommt eine wasserdichte Einlage aus einer Glasschüssel. Maschendraht sorgt für den perfekten Stand der Blumenstiele.

Dann kommen Körbe und schöne Blechdosen, Zinkeimer und Kupferkannen an die Reihe. In solch individuellen Gefäßen entstehen Blumen-Arrangements, bei denen Sie Ihre ganze Kreativität ausleben können.

TIPP

Entscheidend für die lange Haltbarkeit der Frischblumen ist auch die Sauberkeit der Gefäße. Vasen die schwierig zu reinigen sind, werden mit Wasser, in dem Sie eine Tablette eines Reinigungsmittels für dritte Zähne auflösen, im Handumdrehen von bakteriellen Rückständen befreit.

So haben Sie lange Freude an Ihren Lieb

Blumensträuße aus frischen Blumen sind etwas Lebendiges und haben deshalb nur eine begrenzte Lebensdauer. Trotzdem sollten Ihre mit Liebe zusammengestellten Sträuße möglichst lange halten. Beachten Sie Folgendes.

Allgemein:

- Erstbehandlung nach dem Schnitt ist entscheidend für die Haltbarkeit.
- Blumen von trockenen Standorten sind haltbarer in der Vase als von feuchten.
- Sträuße über Nacht möglichst an einen kühlen Ort stellen.
- Auch Vasenblumen benötigen genügend Licht, dürfen aber nicht in praller Sonne oder neben einer Heizquelle stehen.
- Das von reifendem Obst frei werdende Ethylengas lässt Blüten schneller verblühen.
- Verwelkende Blüten entfernen – auch sie geben Ethylengas ab.
- Wenn möglich, Blumen nach 1 bis 3 Tagen frisch anschneiden, Wasser wechseln oder Frischhaltelösung nachfüllen.

Blumen ernten:

- Blumen am frühen Morgen oder am Abend schneiden (wichtig besonders an heißen Tagen).
- Keine nassen Blüten schneiden, da helle Blütenblätter sonst braun werden. Wenn bei oder nach Regen doch geschnitten werden muss, Blüten vor Verarbeitung in lufttrockenem Raum abtrocknen lassen.
- Holzige Stiele mit der Gartenschere, weiche Stiele mit einem scharfen Messer schneiden.
- Sofort in Wasser stellen! Günstig ist der Eimer Wasser direkt neben dem Blumenbeet, Wasserdruck verbessert die Wasseraufnahme der Stiele, sie sollten daher möglichst tief im Wasser stehen.
- Blumen nach der Ernte im Eimer einige Stunden kühl und schattig bzw. dunkel stellen.

ingssträußen

- Blumen zum richtigen Reifezeitpunkt schneiden:
  - Narzissen, Tulpen, wenn an Knospen Blütenfarbe sichtbar wird.
  - Bei Rosen sollte die Knospe ebenfalls deutlich gefärbt sein und die Blütenblätter sollten sichtbar sein.
  - Pfingstrosenknospen sollen sich „weich" anfühlen und möglichst schon ein hervorquellendes Blatt haben.
  - Rispen (Rittersporn, Wicken, Fingerhut), wenn etwa Hälfte der Blüten geöffnet ist.
  - Doldenblütler in voller Blüte.
  - Korbblütler, wenn 1 bis 2 Reihen Staubgefäße geöffnet sind.
  - Blüten sollten noch nicht bestäubt sein, bestäubte Fruchtknoten schütten Hormone aus, welche die Blütenblätter welken lassen.

Blumen kaufen:

- Blattwerk frischer Blumen ist grün und saftig, vergilbte Blätter deuten auf zu lange Lagerung hin.
- Stielenden sollen sauber, weder eingetrocknet noch zerdrückt sein.

Arrangieren des Straußes in der Vase:

- Absolute Sauberkeit der verwendeten Gefäße.
- Lauwarmes, etwas abgestandenes Wasser einfüllen.
- Hoher Wasserstand! Wasserdruck verbessert Wasseraufnahme.
- Frischhaltemittel verhindern Fäulnis und verbessern die Haltbarkeit je nach Art der Blumen bis zu mehreren Tagen. Sie lassen Blütenknospen aufblühen.
- Ebenfalls desinfizierend wirken eine Kupfermünze oder ein Stück Holzkohle.
- Blätter verdunsten viel Wasser und verbrauchen Nährstoffe, Blätter im Vasenwasser verursachen Fäulnis. Daher alle in das Wasser reichenden Blätter und mindestens zwei Drittel des übrigen Blattwerks entfernen.
- Stiele mit einem scharfen Messer neu anschneiden – langer, schräger Schnitt – und sofort ins Wasser stellen oder direkt im Wasser schneiden.
- Holzige Stiele spalten und/oder Rinde einige Zentimeter entfernen oder klopfen, um die Wasseraufnahme zu verbessern.

- Narzissenstiele sondern schleimige Substanzen ab, welche die Haltbarkeit anderer Blumenarten herabsetzen. Daher Narzissen möglichst nicht in gemischten Sträußen verwenden oder zuvor einige Stunden zum „Ausschleimen" allein im Wasser lassen und erst dann arrangieren. Spezielle Frischhaltemittel für Zwiebelblumen, vermindern diesen Prozess.
- Blätter und Blattzweige vor dem Arrangieren komplett in Wasser legen.

Bezugsquellen und wichtige Adressen

ROSEN

VERBÄNDE

Verein Deutscher Rosenfreunde e.V. (VDR)
Geschäftsstelle Hanni Bartetzko,
Waldseestraße 14
D-76530 Baden-Baden
Tel.: 0 72 21/3 13 02
www.rosenfreunde.de
Adressen örtlicher Freundeskreise
auf Anfrage

ROSARIEN UND BERATUNGSSTELLEN

Deutsches Rosarium Dortmund
An der Buchsmühle 3
(Westfalenpark)
D-44139 Dortmund
Beratung: Thomas Lolling
Tel.: 02 31/5 02 61 16

Europa-Rosarium Sangerhausen
Steinberger Weg 3
D-06526 Sangerhausen
Tel.: 0 34 64/57 25 22
www.europa-rosarium.de

ROSENSCHULEN

Bioland-Rosenschule Ruf
Zum Saeuerbrunnen 35
D-61231 Bad Nauheim
Tel.: 0 60 32/8 18 93

W. Kordes' Söhne
Rosenstraße 54
D-25365 Klein Offenseth-Sparries-hoop
Tel.: 0 41 21/4 87 00
www.gartenrosen.de

Lacon J.-S.
Piazolostraße 4 a
D-68759 Hockenheim
Tel.: 0 62 05/70 33
www.lacon-rosen.de

Knud Pedersens Planteskole
Tåstrup Søvej 1
DK-8462 Harlev, Dänemark
Tel.: 00 45 86 94/13 45
www.rosenposten.dk

Rosen Jensen GmbH
Am Schlosspark 2 b
D-24960 Glücksburg
Tel.: 0 46 31/6 01 00
www.rosen-jensen.de

ROSAROT
Besenbek 4 b
D-25335 Raa-Besenbek
Rosen von Meilland
Tel.: 0 41 21/42 38 84
www.rosarot-pflanzenversand.de

Rosenhof Schultheis
D-61231 Bad Nauheim-Steinfurth
Tel.: 0 60 32/8 58 90
www.rosenhof-schultheis.de

Rosen Union
Steinfurther Hauptstraße 27
D-61231 Bad Nauheim/Steinfurth
Tel.: 0 60 32/96 53-01
www.rosen-union.de

Rosen Tantau
Tornescher Weg 13
D-25436 Uetersen
Tel.: 0 41 22/70 84
www.rosen-tantau.com

Schlossgärtnerei Lützow
Rosenower Straße 2
D-19209 Lützow
Tel.: 0 38 69/59 98 33
www.schlossgaertnerei-luetzow.de

SAATGUT, BLUMENZWIEBELN UND PFLANZEN

(1) N.L. Chrestensen
Erfurter Gartenversandhaus für Samen und Pflanzen
Postfach 1000
D-99079 Erfurt
Tel.: 03 61/5 10 15
www.gartenversandhaus.de

(2) Kiepenkerl Bruno Nebelung
Postfach 1263
D-48348 Everswinkel
Tel.: 0 25 82/67 02 70

(3) Sperli
Carl Sperling und Co
Hamburger Straße 35
D-21339 Lüneburg
Tel.: 0 41 31/30 17-0
www.sperli-samen.de
über Samenversand B. Gassmann
Im Saal 13
D-21423 Winsen/Luhe
Tel.: 0 41 71/7 34 53

(4) Thompson & Morgan
Poplar Lane
Ipswich Suffulk, England
Tel.: 00 44 14 73/69 52 77
www.thompson-morgan.com

(5) Treppens, Albert
Berliner Straße 84–88
D-14169 Berlin-Zehlendorf
Tel.: 0 30/8 11 33 36
www.treppens.de
Saatgut und Blumenzwiebeln

STAUDENGÄRTNEREIEN

Bund deutscher Staudengärtner
im Zentralverband Gartenbau e.V. (ZVG)
Godesberger Allee 142–148
D-53175 Bonn
Tel.: 02 28/8 10 02-51
E-Mail: zvg-bonn.banse@g-net.de
www.stauden.de

Staudengärtnerei
Arends Maubach
Monschaustraße 76
D-42369 Wuppertal
Tel.: 02 02/46 46 10
www.arends.de

Staudengärtnerei
Gräfin von Zeppelin
D-79295 Sulzburg-Laufen/Baden
Tel.: 0 76 34/6 97 16
info@graefin-v-zeppelin.com

Staudengärtnerei Gaissmayer
Jungviehweide 3
D-89257 Illertissen
Tel.: 0 73 03/72 58
info@staudengaissmayer.de

Friesland Staudengarten
Uwe Knöpnadel
Husumer Weg 16
D-26441 Jever/Rahrdum
Tel.: 0 44 61/37 63
www.friesland-staudengarten.de

Verwendete Literatur

Anger, Gudrun: Feste feiern in Haus und Garten, Verlag Eugen Ulmer, Stuttgart 2002

Anger, Gudrun: Tannenduft & Lichterglanz, Verlag Eugen Ulmer, Stuttgart 2002

Austin, David: Englische Rosen, Tradition und Schönheit, DuMont Verlag, Köln 1994

Beales, Peter, Tomma Cairns, Walter Duncan, Gwen Fagan u.a.: Rosen Enzyklopädie, Die wichtigsten Wildrosen und über 4000 Gartenrosen, Könemann Verlagsgesellschaft Köln, 1999, Originalausgabe 1998 Random House Australia

Beuchert, Marianne: Sträuße aus meinem Garten, Verlag Eugen Ulmer, Stuttgart, 1977, 4. durchgesehene Auflage 1991

Brumme, Hella, Peter Dietze: Rosen, CD-ROM, Verlag Eugen Ulmer, Stuttgart

Conrady, Karl Otto: Der Neue Conrady, Das große deutsche Gedichtbuch. Artemis &Winkler, Düsseldorf 2000

Ferret, Philippe: Sommerblumen pflanzen & pflegen. Verlag Eugen Ulmer, Stuttgart 2002

Foerster, Karl: Blauer Schatz der Gärten. Neumann Verlag, Leipzig, Radebeul, 2. Auflage 1990

Internationales Blumenzwiebel-Zentrum: 2180 AD Hillegom, Holland, www.bulbsonline.org

Ippen, Dirk: Des Sommers letzte Rosen – Die 100 beliebtesten deutschen Gedichte. C.H. Beck Verlag, München 2001

Ishimoto, Tatsuo: Japanische Blumenkunst. Droemersche Verlagsanstalt, München 1960

Köhlein, Fritz, Peter Menzel, Andreas Bärtels: Das große Ulmer-Buch der Gartenpflanzen. Verlag Eugen Ulmer, Stuttgart 2000

L'Aigle, A ma de: Begegnung mit Rosen. Dölling und Galitz Verlag, Hamburg 2002, Reprint der Ausgabe bei Schuler Verlagsgesellschaft, Stuttgart 1958

Norman Diane, Michelle Cornell: Ikebana, Verlag Eugen Ulmer, Stuttgart 2003

Sacalis, John N.: Schnittblumen länger frisch, übersetzt, bearbeitet und ergänzt von Anne Schubach und Rolf Röber. Berhard Thalacker Verlag, Braunschweig 1998

Schauer, Georg Kurt: Rosen und Tulipan, Lilien und Safran, Verlagsbuchhandlung Georg Kurt Schauer, Frankfurt a. Main 1947

Zander: Handwörterbuch der Pflanzennamen. 16. Aufl. bearbeitet von Erhardt, Götz, Bödeker und Seybold, Verlag Eugen Ulmer, Stuttgart 2000

QUELLEN DER ZITATE

Seite 8 Sträuße, wie frisch gepflückt ...
Country, Nr. 4, 2002

Seite 12 Es war, als hätt' der Himmel ...
Joseph von Eichendorff, Mondnacht Werke und Schriften, Bd. 1: Gedichte, Epen, Dramen, hrsg. von G. Baumann. Cotta, Stuttgart.

Seite 15 Kennst du das Land ...
Johann Wolfgang von Goethe aus Mignon, Wilhelm Meisters Lehrjahre, Gedenkausgabe hrsg. von E. Beutler, Zürich, Artemis 1950 ff.

Seite 23 Die linden Lüfte sind erwacht ...
Seite 25 Die Welt wird schöner mit jedem Tag ... Ludwig Uhland, Frühlingsglaube, aus: Werke, Bd. 1, Sämtliche Gedichte hrsg. von H. Fröschle und W. Scheffler. Winkler, München 1980

Seite 27 Frühling lässt sein blaues Band ...
Seite 28 Süße wohlbekannte Düfte ...
Seite 32 Veilchen träumen schon ...
Seite 35 Frühling, ja du bist's ...
Eduard Mörike, Er ist's; Sämtliche Werke, Bd.1., hrsg. von J. Perfahl. Winkler, München 1967

Seite 36 Geh aus mein Herz und suche Freud ...
Seite 38 Narcissus und die Tulipan ...
Paul Gerhardt, 1653, Evang. Kirchengesangbuch, Lied Nr. 371

Seite 52 Schönes, grünes, weiches Gras ... Arno Holz, Mählich durchbrechende Sonne Werke, hrsg. von W. Emrich und A. Holz, Luchterhand Neuwied, Bd. 5, 1962

Seite 62, 63 Erste Rosen erwachen ...
Rainer Maria Rilke, Sämtliche Werke, Bd. 1, hrsg. von E. Zinn. Insel Verlag, Frankfurt 1955

Seite 72 Ich sah des Sommers letzte Rose stehn ...
Friedrich Hebbel, Sommerbild Werke, Bd. 3, hrsg. von G. Fricke u. a. Carl Hanser, München 1965

Seite 86 ... Blau ist ein Herrscher der Gärten ... Karl Foerster, Blauer Schatz der Gärten, 2. Aufl., S. 16, Neumann Verlag, Leipzig, Radebeul, 1990

Seite 106 Herr, es ist Zeit ...
Rainer Maria Rilke, Herbsttag, Sämtliche Werke, Bd. 1, hrsg. von E. Zinn. Insel Verlag, Frankfurt 1955

Seite 116 Wer hat dieser letzten Rose ...
Georg von der Vring, Die letzte Rose, Die Gedichte. Gesamtausgabe hrsg. von Christiane Peter und Kristian Wachinger. Verlag Langewiesche-Brandt, Ebenhausen 1989

Seite 130 Aus Morgenduft gewebt und Sonnenklarheit ... Johann Wolfgang von Goethe, Zuneigung aus Die schönsten Gedichte aus acht Jahrhunderten, hrsg. von Carl Stephenson, Gebr. Weiß Verlag, Berlin 1960.

Register

**Bibliografische Information
Der Deutschen Bibliothek**

Die Deutsche Bibliothek verzeichnet diese Publikation in der Deutschen Nationalbibliografie; detaillierte bibliografische Daten sind im Internet über http://dnb.ddb.de abrufbar.

ISBN 3-8001-4153-1

© 2004 Eugen Ulmer GmbH & Co.
Wollgrasweg 41, 70599 Stuttgart (Hohenheim)
E-Mail: info@ulmer.de
Internet: www.ulmer.de

Lektorat: Dr. Angelika Eckhard
Herstellung: Martina Gronau
Innengestaltung und Umschlagentwurf: Atelier Reichert, Stuttgart
Reproduktionen: Repro Schmid, Stuttgart
Druck und Bindung: Offizin Andersen Nexö, Leipzig
Printed in Germany

Bildquellen

Walter Erhardt, Neudrossenfeld: Seite 31 rechts unten.
Hans Reinhard, Heiligkreuzsteinach: Seite 74.
Das Umschlagfoto und alle anderen Fotos stammen von Georg Bortfeldt.
Die Zeichnungen fertigte Geraldine Bach.

Mehr Bücher zum Thema:

18 Ideen für Einladungen in Haus und Garten. Wie Sie Tisch & Tafel dekorativ gestalten mit Blumen, Früchten und Kräutern. Das Besondere: detailgenaue Schritt-für-Schritt-Anleitungen, Menüvorschläge, praxisnahe Tipps und fast 100 Fotos.

Feste feiern in Haus und Garten.

Dekoration und Inspiration. G. Anger, G. Bortfeldt. 2002. 96 S., 88 Farbf., 11 Zeichn. Pp. ISBN 3-8001-3841-7.

Fröhliche Kränze zu jeder Jahreszeit. Gutes Gelingen garantieren detailreiche Abbildungen.

Kränze aus Blüten und Früchten.

G. Anger, G. Bortfeldt. 2000. 96 S., 100 Farbf., 6 Zeichn. Pp. ISBN 3-8001-3159-5.

Früchte als Bereicherung der klassischen Floristik. Das Buch gibt **Anregungen für neue Ideen** mit großer gestalterischer Ausstrahlung!

Früchte – Formen – Farben.

Floristik mit Früchten. U. Wegener. 2002. 144 S., 1 Tab., 78 Farbf. Pp. ISBN 3-8001-3925-1.

Vom Ministräußchen bis zum prunkvollen Bouquet finden Sie hier Anleitungen für viele Beispiele. Mit der richtigen Bindetechnik stehen Ihnen unzählige Möglichkeiten offen, **fantasievolle Sträuße** zu gestalten.

Blumensträuße.

Floristische Ideen für jede Gelegenheit. M. Kratz. 2003. 94 S., 52 Farbf. Pp. ISBN 3-8001-3242-7.